浜田冨士郎

リンカンと奴隷解放

信山社

はしがき

われわれが日常、アメリカと呼んでいる国、“United States of America, USA”の公式の日本語表記は「アメリカ合衆国」である。この合衆国訳はもともとは清朝中国の外交文書がとっていたアメリカ訳を日本が借用し、踏襲したもののようであったが、USAという英語の素直な日本語訳としては、「アメリカ合州国」、「アメリカ州連合」、「アメリカ連邦」等の方が自然である。「合衆国」とすると、統治権者としての州の存在が抜け落ちてしまうことが見逃せない。連邦と州の間の統治権の分配に関する建国時の構想によると、連邦の権限は国防、外交その他必要最小限の事項に限って認められ、残余のすべてが広く州権事項とされており、州の存在性は絶大である。USAの表記はこうした事情をも考慮に入れてできあがっていたことからすると、合衆国訳は、歴史的経緯を忠実に反映していないことにもなる。

とはいえ、アメリカは建国後、その領土を広げ、連邦に帰属する州数を増やしてゆくとともに、移民を広く世界から受け入れ、多分に人工的、実験的な巨大多民族国家を築き上げる。自由平等、公正競争を社会の基本原理として掲げ、多民族の共生が生み出す独特の活力、競争エネルギーをバネに、単一民族国家によっては容易に達成しえないような高度の政治的、経済的発展を遂げる。この発展を促すのに、連邦最高裁判所は連邦憲法の解釈をとおして一貫して連邦権限の拡大強化をはかり、建国当時の設計図とはうらはらに、統治権者としての州の権限の縮減に努める。市民の意識レベルにおいても、自分たちにとっての国、政府は州以外にはありえないという建国当初の見方に変化が生じ、まず連邦があって連邦の傘のもとではじめて州の存在が認められるといった意識、国家観が次第に一般化してゆく。

人種のるつぼたる巨大多民族国家において多人種、多民族が切磋琢磨し、たがいに自由に競い合う場が個別の州の枠を超える規模で形成され、他方で州の存在性が制度的にも相対的に後退した今日のアメリカを前にするとき、合衆国訳はわれわれがアメリカという国について現に抱いているイメージをさりげなくその内に取り込んだものとして、合州国訳よりはるかに自然で、無理なくわれわれの感覚に馴染むものとなる。「合衆」の語が単に多種多様の人びとの塊、集合を意味するにとどまらず、民主、共和等の意味合いまでを含んだ言葉であるということになれば、なおさらのことである。「アメリカ合衆国」訳は、アメリカの実質的特徴までを簡潔的確に表現した妙訳ともなる。

とはいえ、アメリカ合衆国の言葉がすでに何ほどかわれわれに伝えるその積極的な政治的原理を裏切って、アメリカは、人種・民族政策に関して、人類史上、容易に看過しえないようないくつかの深刻かつ重大な過ちを犯してきた。その最たる例が、アメリカ先住民（Native American, American Indian）とアフリカ系アメリカ人、黒人（African-American, Black）とに関するものであることはいうまでもない。アメリカが犯した過ち、罪科がこれら両民族にもたらした不幸の傷跡はすさまじく、これについての贖罪、補償がすでに果たされたなどといいうる状況はいまだまったく見られない。というよりは、贖罪としていったい何がなされるべきなのか、その基本的な方向について社会的な合意を形成することさえなおできてはいないという方が、状況表現としては的確なようである。

本書は、アメリカが犯した最大の過ちの一方の問題、黒人奴隷制を取り上げる。奴隷制それ自体はいまや完全に過去のものになりきったが、その社会的、経済的、心理的傷跡はいまなお癒えることなく社会の底流に根強く生き残っている。一方で白人優越社会に対する憤りの表現としての黒人暴動、他方で白人警官が法執行の名のもとになしてはいるが、その実、黒人への嫌悪、憎悪に根ざした黒人への差別行為・暴虐行為等がことあるごとにアメリカ社会の表面に噴出してくるのは、まさしくその証である。黒人問題にいまなお病み苦しみ、苦闘するアメリカを理解するには、アメリカ人の深層心理のレベルでなお脈々と生き続け、黒人問題の根柢をなしている奴隷制について理解する必要がある。

こうした視点から、本書は制度の縮小、撤廃のためにその政治生命、さらには生身の生命をかけてまで悪戦苦闘したエイブラハム・リンカンの活動に焦点をあてつつ奴隷制の問題を取り扱う。一八五〇年代の南北戦争前夜の奴隷制論争の主要テーマは「奴隷制の連邦領土への新規進出は許されるかどうか」であった。それは政治的にきわめて重要ではあったが、問題それ自体は奴隷制が含む多くの問題のうちの一小部分を切り出し、多分に象徴的に、むしろ過大にクローズアップして論じるものであった。この論争の表面をただ追うだけでは奴隷制問題の核心への肉迫は必ずしも簡単ではない。問題の歴史的・法環境的な背景事情、当該論争の背後に隠れた奴隷制それ自体の真の問題等について、適切な理解を得損なうおそれもある。

本書はこうしたことをも考慮して、なぜアメリカに奴隷制が入り込むことになったのか、それはいったいどこからやってきたものなのか、アメリカのいかなる生産・経済活動にとってそれは必要だったのか、アメリカの奴隷制の実相とはどのようなものだったか、アメリカ独立革命とともに北部がほぼ奴隷制を廃棄しえたのに、なぜ南部はそれができなかったのか、南部が南北戦争による国土の破壊まで辞さずにこれを守ろうとした真意とは何だったのか等々の、奴隷制に関わるより基本的、根本的な問題の説明についても一定の意を払うことに努めた。本書が、わが国のアメリカ社会論、アメリカ民主主義論等の進展に対していささかでも裨益するところがあれば、著者にとってこれにまさる喜びはない。

なお本書の実現には、畏友朝倉秀俊、小谷健一両氏の著者に対する不断の挑発、誘導、叱咤、監視等の強力な後方支援が大きく与っている。このことを確認し、ここに謝意を表する。信山社出版株式会社の渡辺左近氏は、本書に出版の機会を与えるだけでなく、その内容構成等についていくつかの的確有効なアドヴァイスを与えてくださった。おかげで本書は読み物としてより読み易いものに確実に改善された。あらためて御礼を申しあげる。

目　次

目次

目次

目次

目　次

目　次

目　次

序章　リンカンの一八六三年一月一日

鬱々とした日々

一八六二年一二月、大統領エイブラハム・リンカンは心身ともに疲労困憊の状態にあった。公私にわたる不幸、不運等のため、このうえなくつらく憂鬱な日々を送っていた。この年の二月、リンカンは、三人の息子たちの中でも最も利発でリンカン似だといわれていた一一歳の愛息ウィリアム（ウィリー）を腸チフスで亡くしている。その死が妻メアリにもたらした半狂乱ともいうべき激しい悲嘆はいまなお続いており、リンカンを日々苦しめていた。

反乱軍たる南部連合軍との間で六一年四月に始まった南北戦争は開始以来すでに一年半余が経過しているが、その行方はいまだ見定めがたい。一二月中旬には、連邦最大の主力軍である「ポトマク軍」を率いるアンブローズ・バーンサイドがヴァージニア州ラパハノク川上流沿いのフレデリクスバーグで、南部連合の「北ヴァージニア軍」指揮官ロバート・リーによって最悪の惨敗を喫した。それぞれユリシーズ・グラント、ウィリアム・ローズクランズがテネシー州の西部と東部とで展開していたふたつの戦線でも戦況は行き詰まり、少なくとも当分の間、連邦軍の確たる勝利を望めるような状況はない。リンカン政権に対する世論の評価はさらに厳しさを増している。

リンカンは膠着した戦況の抜本的打開を主たるねらいとして、六二年九月末、今後もこのまま戦争が続いてゆく場合には、一八六三年一月一日をもって南部反乱州の奴隷を解放する旨を予告した（「予備的奴隷解放宣言」）。与党共和党のラディカル派はこれをよろこんだが、予告の反動として、共和党は同年秋以降、地方選挙、中間選挙等で議席数を大きく減らし、戦争にも奴隷解放にも反対する民主党の躍進を許すことになる。戦争の長期化と死傷者の急増を前にして、民主党員（特にその和平派 Peace Democrat）は戦争中止、南部連合との和平を声高に求めていた。

彼らのいう和平とは、戦争の中止とともに南部連合所属の反乱州が連邦（ユニオン）に復帰するのを認めることであったが、それはとりもなおさず、反乱州のもつ奴隷制の従来どおりの存続を意味していた。リンカンにとっては、それは戦争と戦争が生んだ多大の人的・物的犠牲の意義を根本から否定する、連邦の結束の攪乱行為、戦争遂行の妨害行為に外ならない。民主党和平派のかけ声は南部連合への利敵行為そのものであり、ただただ迷惑なだけであった。

しかし、いっこうに成果をあげえない軍、リンカン政権への逆風は強く、その影響は政権内部にまで及んでゆく。財務長官サーモン・チェイスの政権運営への不満が閣外に漏れ、閣内のきしみが社会にあらわになると、その矛先は当然、リンカンと国務長官ウィリアム・スューワッドに向けられる。一二月半ばには、議会の有志代表がホワイトハウスに押しかけ、スューワッドの解任要求をリンカンに突きつける事態が発生する。リンカンの巧妙な対応によりスューワッド、チェイスのいずれをも失わず、政権の一大危機をかろうじて乗り切ったときには、奴隷解放宣言の発出予定日、六三年一月一日はすぐそこに迫っていた。

連邦議会は一二月二四日、一月五日までの休暇に入るが、リンカンには、奴隷解放宣言の起案というこのうえなく重大な課題がなお残っている。世間では、奴隷制への融和的なニュアンスを滲ませた一二月一日のリンカンの年次報告をとらえて、来る一月一日に約束どおりに解放宣言が発表されることに懐疑的な憶測も流れていた。この点につきリンカンに迷いはなかったが、多事多忙のため、これまで宣言の仕上げに手をつける時間的な余裕がなかった。宣言の仕上げ以外にも、ヴァージニアから独立したウエストヴァージニアの自由州としての連邦加入、解放奴隷の国外植民(colonization)のための用地の確保等がなお要処理案件として残っていた。

リンカンは、一二月の最後の最後まで息を抜けなかった。そのため閣僚たちもまた休暇の返上を余儀なくされる。リンカンは一二月二九日、みずから書き上げた奴隷解放宣言のドラフトを閣議で読み上げ、閣僚（長官）たちの意見を募る。ドラフトが当時すでに連邦に帰順していた南部反乱州内の一部地域を適用除外していることに関して、宣言の適用いかんは州単位で一律に扱うべきではないかとの意見が出された。しかし、リンカンは宣言発出の憲法的な根拠論との関係から、結局、この意見を排する。

翌三〇日にはドラフトのコピーに基づいた検討が進められ、さらに三一日午前にも閣僚たちによる検討が続けられた。この最後の段階になって、もっぱら事務的文書の体裁で書かれていたドラフトに最小限の飾りつけ、厳粛な権威づけの言葉のあるのが望ましい旨の意見がチェイスから出され、宣言の最後の部分に「人類の賢明なる判断、全能の神の寛大なる加護の与えられんことを祈念する」との一節が付加されることとなる。こうした検討結果は、リンカンが最終的に整理、浄書し、翌日の発表に臨むこととされた。申し合わせにしたがうリンカンの作業は同日深更にまで及んだが、結局、同夜のうちの完成にはいたらなかった。

歴史的決断の断行

一八六三年一月一日はきりりと冷たく晴れた日であった。リンカンは早朝に起床し、残っていた奴隷解放宣言の仕上げの最後の作業を終えると、それを公文書に作りかえるため、国務省の方に回付する。いつもの簡素な朝食を済ませると、バーンサイドが面会を求めてホワイトハウスにやってきた。先の敗戦の責任をとるためにポトマク軍司令官を辞任したい、という。リンカンが彼をさしあたり慰留して帰らせたころ、スューワッドらとともに、羊皮紙に印字され公文書の形となった奴隷解放宣言が到着する。

リンカンが署名にあたっていまいちど宣言文に目を通すと、小さな技術的ミスが見つかった。大統領の署名入りの公文書に使用される定型的表現が大統領宣言用ではなく条約用のものになっていたのだ。その修正のために、宣言はふたたび国務省に戻される。一一時になると新年祝賀会がはじまるため、宣言への署名は祝賀会後に後回しされることになった。

祝賀会は三時間の予定であった。まず外国の大使、最高裁判所裁判官、閣僚、上下両院の議員、陸海軍の将校等々の内外の政府関係要人がはじめの一時間で大統領と祝賀、交歓のあいさつをし、その後の二時間が一般民間人との祝賀のために割り当てられていた。結局、リンカンが祝賀会で握手した人の数は数百人に達していた。午後二時に宴が終わり、リンカンが執務室に戻ってきたときには、奴隷解放宣言への大統領署名の手はずはすべて整えられていた。

いよいよ署名の時である。リンカンはスューワッドらの見守るなか、ペンを取り上げたが、すぐに動作を止め、手にしたペンを下に置く。直前の祝賀会で多くの人と握手を交わしたために掌が腫れ、ペンをもつ手が震えたのである。リンカンは、「後の人びとが私の震える筆跡を見て、『リンカンは奴隷解放宣言への署名をためらっていた』と解釈するようなことがあれば、不本意だから」との冗談めいた言葉を口にした。が、署名に際するこの瞬間、名状しがたい緊張と感慨がリンカンを襲っていた。リンカンは後になって、「私はいまこのときほど、正しいことをしていると確信したことはない」「もし私が大統領として歴史に残る仕事をしたということがあるならば、それはこの奴隷解放宣言であろう」と述べている。

サインを終えたリンカンは、手にしたペンを他のペンと混同しないように別置する。ある収集家

（ジョージ・リヴァーモア）が奴隷解放宣言の署名のために使用されたペンをマサチューセッツ州のために所望していることを、リンカンは同州の上院議員チャールズ・サムナーから前もって聞いていた。リンカンは前年夏、独立戦争時の黒人の活躍について書かれたリヴァーモアの著書をサムナーをとおして贈られていた。

奴隷解放宣言発出のニュースが同日夕方に発表され、新聞社を通して全国に向かって送られてゆく。夜八時ころには宣言文全文を印刷したものが政府から公表、配布される。新聞は翌朝には早くも宣言文を掲載するが、中にはリンカンが最終修正をする前の宣言の海賊版を掲載したものもあった。全国の主要都市では、黒人、奴隷制廃止運動家たちが元日の朝からシティー・ホール、教会、公共広場等に集まって、宣言発出のニュースをいまや遅しと待ちわびていた。深夜になってようやく届いたニュースに対して、各地で多くの人びとが歓喜の声を上げる。

リンカンは同夜、下院議長スカイラー・コルファックスらとホワイトハウス内で夕食をとるが、食事が終わるころには首都ワシントンの黒人たちが大挙してホワイトハウス周辺に集まり、お祭り騒ぎとなる。リンカンは、賑わう群衆に対してバルコニーから手を振るにとどめた。

奴隷解放宣言の意味したもの

植民地時代から二五〇年の長きにわたってアフリカ系アメリカ人、黒人を不自由のくびきに縛りつけていた奴隷制、その数四〇〇万人に達する世界史上最大の奴隷制がついに廃棄された（もっとも、厳密にいえば、若干の注意が必要である。というのは、奴隷解放宣言は連邦を離脱しなかった境界奴隷州四州の黒人五〇万人、および、宣言自身がもはや反乱は終息したとして適用除外した反乱州内地域の黒人三〇万人には適用されず、彼ら八〇万人は形式的にはなお奴隷身分に縛られたままだったからである。この適用除外は、奴隷解放宣言の法的根拠が大統領の戦争権限に求められたためであったが、その詳細は、第七章参照）。

永らく白人至上主義を貫いてきたアメリカにおいて、ついに黒人が白人とひとしなみの自由な市民となる。永らく偽善、欺瞞と、ヨーロッパの識者たちから揶揄されてきた「アメリカの自由」がここにはじめてただし書きなどを必要としない単純明快な看板どおりの自由となる。遅きに失したとはいえ、奴隷解放は、リンカン自身がそう感じたように、なお世界史的な意義を有する偉業となるにちがいなかった。

しかし、奴隷解放宣言ただそれだけで、黒人の自由は実現するのだろうか。黒人は宣言によって本当に自由をその手にすることができるのだろうか。宣言は、連邦と戦う南部連合所属反乱州の奴隷制、そこに縛られている黒人奴隷に対して向けられている。が、連邦はさしあたり、南部連合諸州、その広大な領土のほとんどについて何の支配力も有していないのである。宣言はただのいい放し、リンカンのいう「彗星に向けられたローマ教皇の布告」になってしまうおそれはないのだろうか。

宣言が実効性をもつためには、南北戦争の勝利が絶対至上の条件となる。そして連邦がのちにこの戦争に勝利し、宣言どおりに、奴隷制が廃棄され、黒人が自由な市民になったとして、そのとき社会はいったいどのようなものになるのだろうか。解放された黒人は自立した市民、労働者としてすぐさま社会参加ができるだろうか。そのために政府がなすべきことは何か。白人と黒人が平和に共存できる平等社会の構築に必要な前提条件とはどのようなものか。問題の多くはだれにとっても未知未経験であり、容易に答えを出しうるものではない。もとよりリンカンにとっても、確たる将来計画があるわけではなかった。しかし、問題の性質上、まずは見切り発車するほかはなかったのである。

奴隷解放宣言にたどりつくまでの道のりは長く困難であった。が、宣言はなお目標達成途上の一重要階梯であるにとどまる。白人と黒人とが作り上げるひとつの社会が真の平等社会となるための道のりはさらに長く険しいものになるにちがいなかった。

第二章　アメリカの奴隷制

アメリカの奴隷制は、リンカンが奴隷解放宣言を発した一八六三年当時、約二〇〇年の歴史を有し、奴隷の数四〇〇万人に達する史上最大の制度に肥大していた。イギリス、フランスはすでにカリブ海、南米北岸部の植民地の奴隷制を廃止し（それぞれ一八三四年、一八四八年。その他、デンマークが一八四八年、オランダが一八六三年に廃止）、スペインから独立したメキシコ、ボリビア、コロンビア、ヴェネズエラ、ペルー、アルゼンチン、チリ等々の中南米諸国も一八二〇年代から五〇年代までの間に同様に制度廃止に踏み切っており（その多くは制度の段階的廃止方式によっていた）、当時なお奴隷制を維持するめぼしい国としては、スペイン領キューバとブラジルだけとなっていた（その後、キューバは一八八六年、ブラジルが一八八八年に廃止）。

自由の国、機会・競争の国を誇るアメリカは、黒人奴隷制という人道上最悪の罪を犯し続けることにより、アメリカの自由がいかに便宜的で信用できないものであるかを広く世界に印象づけていた。なぜアメリカはその名誉、誇りを犠牲にしてまで奴隷制を維持し続けたのか。

そこには経済的理由とは別に、憲法論議の絡んだ複雑な国内政治問題があった。それを探ることは本書の重要課題のひとつとなるが、それを果たすにはまず、アメリカの奴隷制についての最小限の理解が必要であり、本章はその目的のために設けられている。アメリカ奴隷制の基本問題、すなわち、奴隷制とはいかなるものか、なぜ北米イギリス系植民地に黒人奴隷制が根付いたのか、それはなぜアメリカ独立革命によって廃棄されなかったのか、北部各州がイギリスからの独立達成後奴隷制を廃止したのに、南部州はなぜそれができなかったのか、奴隷制をめぐる南北の対立とはどのようなものであったか等々の諸問題が本章で検討される。

奴隷制とはどのような制度か

奴隷制は聖書時代、古代ギリシャ・ローマの時代から二〇世紀に至るまでの間の少なくとも一時期、洋の東西を問わず、世界のほぼすべての国、地域に見られた制度である。個々の制度には多くのヴァリエーションがあるが、奴隷主が奴隷とされる人を財産として所有し、牛馬と同じように支配し、使役するのを許容する点で制度は基本的に共通している。それは、われわれが理論的にも感覚的にもそう受けとめているように、人による他者支配、他者人格の全否定を制度化したものといえる。

奴隷制社会（単なる「奴隷制を有する社会」と区別するため、一般に人口の二〇パーセント以上が奴隷である社会を「奴隷制社会」と呼ぶ）にあっては、奴隷は労働能力、技能、性別、年齢、出産能力等の基準により財産として価値評価される。奴隷市場あるいは私人間で自由に売買され、担保に供さ

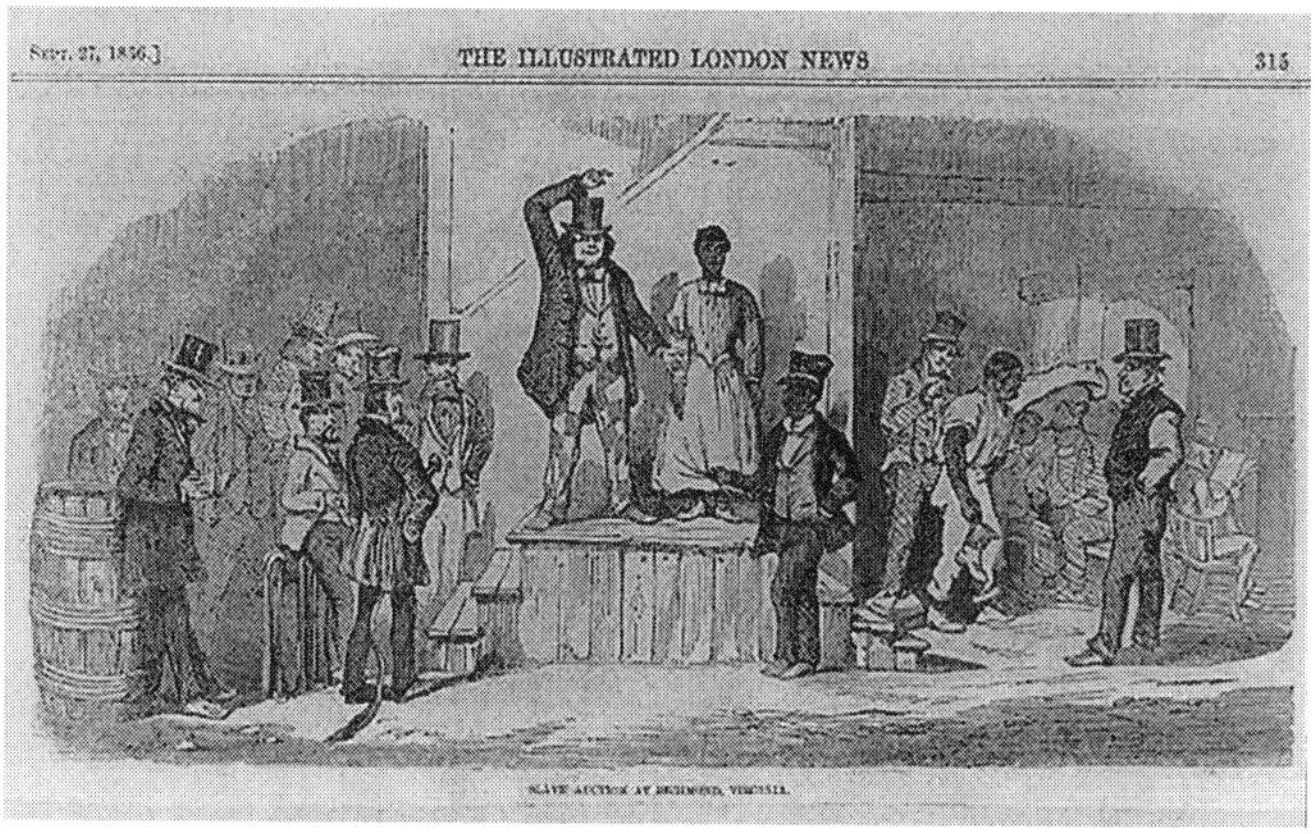

リッチモンド（ヴァージニア州）の奴隷オークションの風景画

れ、差し押さえられもする。もとより相続の対象ともなる。奴隷主は奴隷に対して絶対的な服従を求めうるが、奴隷主が奴隷あるいは社会に対して負担する義務はせいぜい奴隷を死なせない、その労働能力を喪失させないという程度の保護義務に尽きる。

奴隷には社会の成員としての資格は認められず、親子、婚姻等の人にとって最も基本的な関係も事実としては存在しえても、法的に顧慮されるべき関係とはならない。それは奴隷主の経済的な都合、気分次第で、あるいは奴隷主の死亡と相続の発生、破産等によって容易に引き裂かれうる。その社会への貢献、功績等を理由に奴隷が奴隷身分から解放され、社会の成員とされることがありうるが、多くの制度のもと、その道は極端な隘路とされる。これを広くすればそれだけ奴隷制の制度としての堅牢性、一貫性等が損なわれるためである。

奴隷制を安定的に維持するために、奴隷制社会は一般に詳細な奴隷法を定める。奴隷主の指示命令への絶対的服従を確保するため、奴隷に対する身体的懲罰権限を奴隷主に認めるのは奴隷法制の基本である。奴隷の無許可の外出、集会、特に夜間のそれを許さない、カヌー、武器、家畜その他の財産の保有を認めない、経済的な取引活動を許さない、奴隷に対して読み書きを教えることを禁止する等々、奴隷の私生活を規制する詳細なルールがしばしば定められ、その順守確保が奴隷主個々人のみならず社会全体の責任ともされる。とりわけ奴隷の逃亡、集団的な反抗、反乱等の防止のために、奴隷法制は社会一丸の周到な監視体制を用意する。

奴隷は法的には「物」とされる。ローマ法のもとでは奴隷は不動産であったが、アメリカの奴隷法はほぼ一律に奴隷を動産と扱う。奴隷が非違行為を犯せば、もとより奴隷は処罰されうる。処罰は奴隷の人性、奴隷が人であることの何ほどかの承認を意味しているはずであり、そうすると奴隷制の矛盾がすでにここに顕現しているとの議論がありうるが、その処罰方法は、社会の一般成員に対するのとは大きく異なっている。

奴隷の処罰は犯された非違行為の種類に応じて、背中へのむち打ち（非違行為の重大性に応じて、むち打ちの数、使用されるむちの種類が異なりうる）、手の甲、顔面、胸部その他の身体部位への焼き鏝による刻印、耳、鼻などの身体部位の切除、売却等となる。しかし、奴隷の労働力としての価値の減損を最小限にとどめるため、奴隷の拘禁、死刑といった処罰は極力避けられる。奴隷の（教育的な）処罰は、ひとり奴隷主だけではなく社会の成員のだれもがなしえ、一般に裁判を経るなどの特段の手続を要しない。

だれが奴隷とされるのか

このように人格性をほぼ全否定される奴隷となるのはいったいだれか。奴隷はいかなる人的グループから、どのような基準によって選別されるのか。歴史的に最も普通に見られるのは、「異教徒」「戦争捕虜」「すでに奴隷である者」「みずから奴隷となることを選んだ者」「犯罪者」「債務の不履行者」等であった。

そうすると、基本的にアフリカ系黒人の「肌の色」を基準として成り立つアメリカ、新世界の黒人奴隷制はこの通例に反する特殊な制度ということになるのだろうか。たしかに黒人奴隷制は、黒い肌の色、肌の色と一体化してあるとされる能力の劣等性、文化の未開野蛮性等、西ヨーロッパ系白人の偏見、差別意識を理由にできあがっている。とはいえ、そのゆえに黒人奴隷制がその他の奴隷制と比べてまったく異質であると考えるのは必ずしも適切ではない。黒人奴隷制も実質的には、多くの奴隷制と共通の要素を少なからず備えていた。

というのは、キリスト教世界から見れば黒人は異教徒であったうえ、新世界に送り込まれた黒人はその出身地の西アフリカ（今日のセネガルからコンゴ、アンゴラに至るまでのアフリカ大西洋岸地域）

においてすでに奴隷とされていたのである。アフリカにはヨーロッパ人が到来する以前から、部族間の争闘による捕虜、被誘拐者等を奴隷として部族内に取り込む土着の奴隷制慣行が存在しており、ヨーロッパの奴隷商人、奴隷船長はそうした制度下での奴隷たる黒人を現地の部族長、現地ブローカー等から買い集めていたのである（ちなみに、新世界への黒人奴隷貿易を開始する前の一時期、ポルトガル人はその船舶を用いて、西アフリカの部族相互間の奴隷売買を仲介していたことがある）。白人がアフリカのジャングルに分け入り直接奴隷狩りをしたというのは、ほぼ一〇〇パーセント神話である。

さらにいえば、ローマ教皇、カソリック教会、プロテスタント等、キリスト教諸組織・諸会派は、一八世紀後半以降のクエーカーなどの少数の例外を除くと、総じて黒人奴隷制を承認していたが、その基本的な正当化理由は、奴隷制を通して未開の黒人奴隷がキリスト教社会に招じ入れられ、福音享受の機会を与えられるということであった。黒人奴隷制は、特別の黒人蔑視の意識なしには成り立ちえなかったが、それは同時に、多くの奴隷制についての一般的正当化事由を少なからず具備してもいた。

砂糖プランテーションと奴隷制

一四九二年、クリストファー・コロンブスはスペイン国王（イザベラ、ファーディナンド）の資金援助を得て、大西洋横断の航海に乗り出し、西インド諸島を発見し、カリブ海一円を探索する。スペインとポルトガルはこの新世界の発見を機に、一四九四年、のちにローマ教皇の裁可も得ることになる、世界分割条約（Treaty of Tordesillas）を結ぶ。ブラジル東部を縦断する経線を基準にして、その西側をスペインの、東側をポルトガルの支配圏とするというのがその内容であった。両国はこの約定に従い、一六世紀に入ると早くも植民地の開拓、建設に着手する。

スペインははじめイスパニョーラ島を新世界植民地化の本拠地とし、原住民（Taino族）を捕獲して本国に送ったり、砂糖プランテーションの建設等のための奴隷として使役する一方で、別に黒人奴隷の輸入による労働力の補給も始めていた（コロンブスは第一回目の新世界航行時から黒人奴隷を航海団の一部として同行させており、第二回航行時にはすでにカナリー諸島の砂糖プランテーションから唐黍の種を持ち込んでいた）。

しかし、スパニアードが強く求めていたのは手っ取り早い一攫千金の夢である。イスパニョーラ島の金が尽きるや、同島の開発意欲を失い、その関心はアメリカ大陸の方に移ってゆく。中央アメリカに上陸し、一六世紀半ばまでには北のメキシコ地方、南のペルー地方を支配する。これらの地域には新世界では例外的に、それぞれマヤ、アズテック、インカの大規模な定住農耕社会が形成されていたため、スパニアードによる支配は原住民社会をその統治機構を含めて丸ごと利用し、その最上位から主として貢納制度（encomienda, repartimiento）を通じて原住民を搾取する形態をとった。

その故郷イベリア半島ではイスラム勢力との抗争で生じた捕虜を奴隷とする慣行が長らく生き続けており、スパニアードに奴隷制に対する抵抗感はなかったが、国王が原住民の奴隷化を禁止したこともあって、こうした形の原住民支配が生じたようであった。そのため、これらの地域においては大規模な奴隷制は、銀鉱山のほか、テノクティトラン（メキシコシティ）、クスコなどの大都市の近郊住民向け食料プランテーションなどにおいて比較的限定的に取り入れられるにとどまっていた。原住民もまたそこで働く場合には、彼らに対しては通常賃金が支払われていた。

他方、ポルトガルが進出したブラジル北東部（ペルナンブーコ、バイーア）には利用可能な原住民の集中も金銀等の特段の産品もなく、当初、植民地建設は停滞していたが、一五三〇年代に砂糖生産を開始してから植民地開発が一挙に進展する。すでにマデイラ、カポ・ヴェルディ、サン・トメなどの西アフリカ沿岸の大西洋諸島で展開していた砂糖プランテーションから砂糖精製に必要な資材、設備、経営のノウハウ等を持ち込み、さらにポルトガルが当時西アフリカ沿岸で行っていた奴隷売買仲介業の延長として連行してきた多数の黒人奴隷を用いて砂糖黍の栽培から砂糖の精製までの一貫作業を大規模に展開する。その製品は新世界の交易、海運を独占しはじめていたオランダを通してアントワープ市場に送り、ヨーロッパ向けの販路を確立する。ポルトガルの植民地経営は一六世紀半ばには、砂糖生産によって飛躍的な大成功を収める。

一六世紀の新世界はスペイン、ポルトガルのほぼ独占的支配の状態にあったが、一七世紀に入ると、イギリス、フランスがこの状況を大きく変える。ヨーロッパにおけるスペインの弱体化に乗じて、実質的な植民地経営はしていないが名目的にはスペイン領であったカリブ海諸島（西インド諸島）の大部分を奪い（一八世紀に入ってもなおスペイン領として残るのはイスパニョーラとキューバにとどまる）、いまやスペイン、ポルトガルと敵対するオランダからブラジル型の砂糖生産手法、黒人奴隷制を学び、さらにオランダを通して黒人奴隷を購入し、これらの島を世界の砂糖生産基地に変えてゆく。イギリス領のバーベイドス、ジャメイカ、フランス領のサン・ドマング（イスパニョーラ島の西半分）、ガダループ、マーティニク等は、北米本土のイギリス植民地がとうていあげえないばく大な収益をあげ、繁栄を誇ることになる。しかし、そこに用いられた奴隷制は、いわば使い捨ての黒人奴隷制であり、その苛酷さは世界史的にもほとんど類例を見ないものであった。

砂糖生産と黒人奴隷制の親和性

なぜ砂糖生産と黒人奴隷制とが結びつくのだろうか。砂糖は成熟した砂糖黍の樹液からつくられる。砂糖黍の栽培には熱帯、亜熱帯の自然条件を要することに加えて、収穫した砂糖黍はすぐさまその幹を粉砕、圧搾して樹液を抽出し、さらにこれを煮沸して結晶化させ精製する作業が必要とされる。そのためには大規模な生産設備とともに、暑熱、高熱のもとでの高密度の労働に耐えうるだけの強靭な身体能力をもった労働者群が必要となる。砂糖生産はもともと、黒人奴隷制と結びつけられやすい労働制度であった。さらにいえば、砂糖生産の副産物である糖蜜からはラム酒がつくられるが、これが西アフリカ現地で行われる奴隷取引の対価として欠かせない重要な役割を果たしており、この点でも砂糖生産は黒人奴隷制と特別の縁があったといえなくもない。

有力説によれば、奴隷制を用いた砂糖プランテーションの起源は地中海最奥部のレヴァント地方（現在のシリア、レバノン等を中心とする地域）にある。諸民族の入り乱れるこの地方には奴隷となしうる戦争捕虜に不足はなく（奴隷 slave という言葉は、レヴァント地方の奴隷の主要給源であった黒海周辺のスラブ人 Slav から生まれたという）、彼らの労働力を利用した砂糖生産がイスラム教徒の手によって、すでに八世紀ころからこの地で始められていた。

砂糖はヨーロッパ人にとっては、十字軍がヨーロッパに持ち帰ってはじめて知ることになる魅惑の甘味料であった。砂糖プランテーションはジェノアの事業家らの手によってレヴァントからキプロス、クレタ、シシリー等々の地中海諸島、地中海沿岸地域を西進する形で広がってゆく。そして一五世紀半ばまでには地中海を出、その後はスペイン人、ポルトガル人を通してアフリカの大西洋岸沿岸を南下してゆき、一五世紀末にはマデイラ、カナリー、カポ・ヴェルディ等の大西洋諸島に広がり、ついにはギニア湾のサン・トメ島にまで到達する。そしてこのころまでには砂糖プランテーションを支える奴隷制の担い手は当初の白人から完全に黒人に切り替わっていた（それまでの間に、カナリー諸島の原住民 Guanche が砂糖生産用の奴隷として使用される一時期があった）。スペイン、ポルトガルが新世界に持ち込んだのは、彼らにとってはすでに十分に経験済みの砂糖プランテーションであり、黒人奴隷制であった。

新世界における奴隷制の拡大

イギリス、フランスの黒人奴隷制は、一七世紀半ば、先行するスペイン、ポルトガル、オランダを見習い、まずカリブ海諸島の砂糖プランテーションで根を下ろす。それは多かれ少なかれ北米本土植民地による制度導入に影響を与えることになる。そしてひとたび制度が定着すると、その利用価値は大きい。制度は多くの商品作物栽培(煙草、小麦、インディゴ、米、綿、コーヒー、ココア等々)のために用いられ、さらには農業分野を超え、鉱山労働、鉄生産などの工業生産にも奴隷制が利用されたりもする。奴隷の小規模農業、家事労働への使用ももとより普通の利用方法となる。

こうして新世界の奴隷制は一六世紀の初めから一九世紀後半にいたるまでの約三五〇年間続いたが、そのために、西アフリカから一千万人を超える黒人が連れ去られていた。この数字は新世界に到達した黒人の数を示しており、劣悪な食事、狭隘で不衛生きわまりない奴隷船での二か月余の大西洋横断(いわゆる middle passage)の途中で饑餓、疫病、自殺等のために失われる膨大な数の人命を含んではいない。さらにいえば、アフリカ内陸部での奴隷捕獲のための争闘、内陸部から海岸部の取引地、奴隷の収容・集積施設までの数週間にわたりうる徒歩による奴隷連行の過程等、奴隷船に積み込まれるまでに現地で失われた命をカウントすると、犠牲者の数はさらに増加する。

そしてこれらすべてとは別に、新世界の奴隷制より数百年古い歴史を有し、その崩壊後もなお数十年は存続したイスラム世界の黒人奴隷制が別に存している。そのために、ケニアからモザンビークに至るアフリカ東海岸からアラビア半島方面に向けて、二〇世紀に至るまでの間に総計で一三〇〇万人に達する黒人が送り出されていたといわれる。西ヨーロッパ、イスラム世界の編み出した黒人奴隷制のために、超巨大規模のアフリカ人のディアスポラ（民族離散）が現出する。それがアフリカの健全な社会発展をいかに深刻に歪め、妨げたかは何人にとっても容易に想像できるところである。

アメリカの奴隷制の概要

後にアメリカ合衆国となるイギリスの北米植民地は、ヨーロッパ、アフリカ、南北アメリカという三大陸を繋ぐところに形成された、いわゆる大西洋奴隷制経済圏の一角に位置する。とはいえ、北米植民地そのものは、すでに広くカリブ海、中南米地域に展開されていたスペインの植民地にはほぼ一〇〇年遅れ、一七世紀に入ってはじめて建設された新しい植民地である。北米植民地が先行の植民地にならい奴隷制を取り入れるかどうかはその自由であったが、結局はこれを導入する。遭難等による船舶の偶然的な寄航からはじまって徐々に恒常的な交易関係が生まれるなど、カリブ海諸島の植民地とは、その距離の近接のゆえの一定の往来、交流があり、他方で、北米植民地もまた発展に必要な労働力の慢性的不足に悩まされていた事実からすると、ひとり北米植民地だけが奴隷制の導入を決然と意志的に拒否する選択は実際上困難であったであろう。

とはいえ、イギリスの北米植民地がその入植、植民地建設の当初から奴隷制の導入を予定していたわけではなかった。図式的にいえば、スペイン、ポルトガルの植民地政策は、国の支配圏の拡大と富の獲得をねらいとし、国王の直接的介入とこれに対する教会の緊密な協力の提供に特徴があった。が、これらの国は人口サイズが比較的小さく大量の移民群を送り出すことができないため、その植民地政策は、原住民女性との結婚、それにともなう原住民文化へのある程度の同化、吸収をも想定したうえでの支配の実現をめざし、主として少数精鋭の単身男性を移民として送り出す形態をとる。ローマ教会は、原住民をキリスト教徒化することを条件にこれに積極的に協力する。

これに対して、イギリスの北米植民地建設は、国の積極的な介入ではなく株式会社の形態をとった特許会社のイニシアティヴによって展開されていた。会社の移民募集に応募する入植者のひとつのタイプはその初期においては、イギリス国教会の干渉を逃れ、みずからの信仰を貫くために自由の地を求める農民、その家族たちであった。より一般的な入植者は、伝統社会の諸規制のない新天地で世俗的な成功を目論む冒険心、野心あふれる単身の若者であった（その多くは長子相続制 primogeniture によって、親からの財産の継承を望めない者たちであった）。そしてその後には、彼らとの婚姻を主たる目的として単身女性が植民地にやってくることになる。

入植者、移民が目指した植民地での生活は、原住民との間での人種的、文化的な交流、混淆等を予定したものではなく、基本的には自分たちの力だけを頼みにした自給自足的な農業生活であった。こうした植民地の生活スタイルが奴隷制になじむ余地は原理的にはほとんどない。ではなぜここに奴隷制が入り込むことになったのか。一六〇七年、北米一三植民地の先陣をきって建設され、煙草栽培の隆盛により、独立革命の完了期にあたる一七九〇年には北米最大の奴隷制（奴隷数三〇万人弱）を有するまでになっていたヴァージニア植民地において、奴隷制がどのように形成されていったのか、その経緯を簡単に見てみよう。

ヴァージニア植民地と年期契約労働者

ヴァージニア植民地の初期の入植者は一部の貴族の子弟を除いて、多くがイギリス南西部の農家出身の若者であった。彼らは一般に年期契約労働者としてヴァージニアにやって来ていた。年期契約労働者（indentured servant）とは、植民地への渡航費用を自力で調達できないため、渡航船の船長あるいは植民地の将来の雇い主に渡航費用を立て替えてもらい、植民地で一定年限（通常は四年）を雇い主のもとで起居し、無報酬で働き、これによって借金とされていた渡航費用の清算を予定する労働者であった。

年期労働者は年期中は雇い主のもとを去ることができず、その指揮命令、懲罰権限に服し、年期が明けるまでは残期間分のかぎりでなお年期労働者として他の雇い主に譲渡、売買されうるなど、その年期が満了するまでは奴隷とほぼ同様に取り扱われる。その意味では、年期労働者はまさしく限時的な不自由労働者であった。が、ひとたび年期が明けると、雇い主から農民、職人として自立するのに必要な道具・装備の一式が与えられ、自由独立の市民となる習わしであった（もっとも、雇い主の自立支援義務は、時代が下がるとともに次第に形骸化してゆく）。

年期労働者は、イギリス（そしてその他のヨーロッパ諸国）の人びとがアメリカに移民してくる場合の最もふつうの形態であったが、使用者にとっては限時的であるという意味で年期労働者は割高であり、他方、労働者にとっては本国に成功のチャンスがあるかぎり、第一選択肢となるほどに魅力的ではないのが通常であった。そのため、一七世紀後半以降、一方で奴隷の数が増え始め、他方でヨーロッパの経済が活性化すると、年期契約労働者の数は次第に減少し始め、一八世紀独立革命時までには年期契約慣行はほぼ完全消滅することになる。

ヴァージニア植民地における黒人奴隷制の形成

一六一九年、ヴァージニア植民地が発足して一〇年余が経過したころ、植民地に一団の黒人が到来する（ただし、かれらがヴァージニア植民地最初の黒人であったことを否定する見解もある）。スペイン船を襲ったあとと推測されるオランダの私掠船が嵐を避けるためにジェームズタウンにたどり着き、二〇人の黒人を降ろしてゆく。オランダ船は食料を得る代償に黒人奴隷を譲渡したと理解したが、これらの黒人を受け入れる植民地側の姿勢はあいまいだった。これまで奴隷使用の経験のない植民地人は、黒人の処遇につき明確な方針を持っていない。スペインなどが黒人奴隷を用いて巨大な富を得ている事実は聞き知ってはいたが、奴隷を必要とする金銀の鉱山等もさしあたりヴァージニアにはない。結局、多くの植民地人の扱いと同じように、黒人を年期労働者として処遇することになる。奴隷たる黒人に返済すべき渡航費用の問題はそもそも存在しないが、彼らにも適当な年限を定め、その間寝食を与えて拘束的な不自由労働に従事させ、年限が満了すると自由民として扱った。その後に到来した黒人についても植民地の扱いはあいまいで、一部の黒人がほとんど奴隷そのものとして扱われる一方、少なからぬ黒人がなお年期労働者と同じように扱われていた。

一六五〇年代に入ると、こうした状況に重大な変化が生じる。次のような、黒人を白人労働者とまったく別様に扱う植民地法が続々と制定されてゆくのである。

「黒人は武器、火薬をもつことを許されない」（一六五〇年）

「黒人と一緒に逃亡した白人年期労働者は、黒人の逃亡期間分だけその年期を加算される」（一六六〇年）

「生まれてきた子が自由人であるか奴隷かは母の条件によって決まる」（一六六二年）
「洗礼を受けても、奴隷は奴隷である」（一六六七年）
「懲罰する際に抵抗する奴隷を死に至らしめても、重罪とはならない」（一六六九年）
「黒人は武器を携行してはならず、雇い主の証明書をもたずに外出してはならない」（一六八〇年）
「黒人と結婚した白人は、裁判により投獄される」（一六八二年）

これらの植民地法によって、黒人の奴隷性が個別事項ごとに順次決定されてゆく。その結果、一七世紀末までにはその集積としてひとつのまとまった制度、体系としての黒人奴隷制が姿を現してくる。一七〇五年には、包括的なヴァージニア奴隷法典が制定され、奴隷制は確たる法制度となる。

ヴァージニア植民地の奴隷制は強いられたものだったか

ヴァージニア植民地はなぜ黒人の奴隷化に踏み切ったのか。それは劇的、一挙的な奴隷制の導入というよりは多分になし崩し的な選択であったが、その選択を支えた基本的な理由は労働力事情の変化にあったと解される。一七世紀後半には、ヴァージニアは煙草生産の一大拠点として多くの労働者を必要としていたが、主要労働力源である白人労働者に変化が生じる。植民地の熱心な勧誘にもかかわらず、イギリス本国の経済回復に反比例する形でヴァージニアに来る年期労働者の数が減少しはじめるのである。植民地人がお金さえ出せば比較的簡単に手に入る黒人労働者に目を向けるのはむしろ自然であった。はじめはカリブ海植民地ですでに奴隷労働に従事し、多少ともヨーロッパ文化に馴染んでいた黒人を、後には奴隷船でアフリカから直接運ばれてきた黒人を積極的に迎え入れはじめる。

一六四〇年に一五〇人だったヴァージニアの黒人の数は、一六五〇年に三〇〇人に、一六八〇年には三〇〇〇人になり、世紀が変わるころにはほぼ一〇〇〇〇人に達していた。受け入れに際しては、黒人処遇に付着している奴隷制慣行をそのまま受け入れ、さらに必要に応じて植民地法の制定によって奴隷処遇の詳細につき調整を加えるなどし、結局、一七世紀末にはヴァージニアの奴隷制がほぼ確立する。

これをとらえて、ヴァージニアは「意図しない決断 unthinking decision をした」などといわれることがある。奴隷制導入の是非について根本的な検討をすることなくその便宜さのゆえに安易な妥協を重ね、ついには逆戻りのきかない状況にまでいたったという意味ではこの評言は当たっていなくもない。ヴァージニアがこの過程の進行を止められなかったことについては、奴隷制を絶対悪とする思想、価値観が当時どこにも存在していなかったこと、北米以外の先行植民地がすべて奴隷制を採用し、大きな利益を上げていたこと（ちなみに、イギリスの最初のカリブ海植民地として一六二七年にバーベイドスへの入植が開始するなど、カリブ海植民地はすべてヴァージニアより遅れてスタートしているが、その多くは一六五〇年代にはすでに奴隷制を用いた大規模な砂糖生産を展開し、大成功を収めていた)、さらには、アフリカ貿易を目的として一六六〇年に設立されたイギリスの国策会社(一六七二年に王立アフリカ会社 Royal African Company に改編)が奴隷貿易に参入しており、これがイギリス系植民地の奴隷制推進に一定の影響を与えていたこと等々、ヴァージニアのために斟酌しうる事情も確かに存在していた。とはいえ、ヴァージニア植民地が奴隷制の選択をイギリス本国その他の国、植民地から直接迫られ、あるいは強要されたような事実はなく、すべては自らが選び取ったものであった。

ニューイングランドその他の植民地の奴隷制

ヴァージニアより二〇年余遅れてスタートし、ヴァージニアとともにチェサピーク湾を囲み、同じく煙草栽培を主要産業としたメアリランド植民地でも、奴隷制はヴァージニアとほぼ同様の経過をたどって同時期に確立されていた。とはいえ、北米のその他の植民地においては、奴隷制導入の経緯はそれぞれ特徴的に異なっている。まず、ピューリタンが一六三〇年に建設したマサチューセッツ植民地についていえば、一六四一年には早くも自由拘束の一般的禁止の例外として、主として原住民インディアンを想定した戦争捕虜等について奴隷制を容認していた(マサチューセッツ自

由体系（Massachusetts Body of Liberties, 1641）九一条）。

神の国の建設を目指して植民地にやってきた人びとが早々に奴隷制を制度化するのは意外ではあるが、マサチューセッツは原住民インディアンとの間でその存亡を賭けた凄惨な戦闘をいくどか経験しており（初期の最たる例が、一六三七年、ピークォット族との間で戦われたPequot Warであった）、寛容よりは原理の厳格順守を貫くピューリタンにとってインディアンとの間に妥協の余地はなく、戦闘で生じた捕虜については奴隷として使用するかカリブ海の植民地に売却するかしか対応策を見出しえなかったこと、バイブル自体が奴隷制を認めていると解されたこと、マサチューセッツは早くからカリブ海植民地に食料等を輸出しており、その奴隷制についても十分に知り及んでいたこと等の理由があげられよう。もっともなお付言すれば、マサチューセッツ植民地の奴隷制は、もともとインディアン排除のために導入されており、その制度化によって黒人奴隷制が急速に進展したなどの事実はまったくなかった。

ニューヨーク植民地は、オランダ西インド会社が一六二〇年代にハドソン川流域に建設していた植民地（New Netherland）を、イギリスが一六六四年に奪取して生まれている。オランダ人は入植当初から奴隷制を導入しており、イギリス人がこれをニューヨーク植民地としたのちも、オランダの奴隷制がほぼそのまま生き残る。ニューヨークの奴隷制は後々までオランダの特徴を色濃く残し、全体として比較的ゆるやかな奴隷制度となっていた。

ペンシルヴェニア植民地は、一六八一年、クエーカー教徒のウィリアム・ペンにより広く信教の自由の保障を目指して拓かれるが、当初は奴隷制を禁止してはいなかった。そのため、ペンシルヴェニアにも奴隷制が根付いたというだけではなく、クエーカー教徒の一部が奴隷売買、奴隷制貿易にまで手を染める結果となる。クエーカー教徒は奴隷制に反対の旗幟を掲げたアメリカ最初の宗派として著名であるが、それは一八世紀半ば以降になってからのことであった。

一六六三年に発足したサウス・キャロライナ植民地は、その憲法（キャロライナ基本憲法（Fundamental Constitutions of Carolina, 1669）一一〇条。本憲法の策定には、啓蒙主義思想家ジョン・ロックが深く関わっていた。ロックは別に奴隷貿易を展開する王立アフリカ会社に出資もしていた）がすでに奴隷制を容認していたという意味で特殊であった。亜熱帯の風土をもつこの植民地の最初の入植者として、バーベイドスその他のカリブ海植民地からの移住者、彼らが帯同してくる奴隷を予定したためであった。そのため、サウスキャロライナは一七世紀末までには、カリブ海型の北米では最も苛酷な奴隷法制をもつことになる。逆にジョージア植民地は、その発足直後の一七三五年に奴隷制を禁止していた点で注目されるが、二〇年後の一七五五年には奴隷制の導入方向に政策転換する。奴隷制は植民地開発を促進させる要素として働いた。

アメリカの奴隷制の特徴

北米の一三植民地は、その風土、入植者、植民地建設の時期・経緯等々の事情により、制度導入の時期に違いがあったが、最後発のジョージア植民地を除いて、一七世紀が終わるころにはそのすべてが黒人奴隷制を有していた。これをカリブ海周辺に広がるラテン系の、宗教的にはカソリック系の奴隷制と比較すると、いくつかの違いがある。その違いは温帯と熱帯という風土の違いによるところが大きい。まず、奴隷制による商品としての栽培作物の種類が異なる。北米のそれが一八世紀末までは主として煙草、米、インディゴ（藍）、一七九〇年代以降になって綿が圧倒的な主力商品作物であったのに対して、カリブ海では砂糖がほぼすべてで、一部にカカオ、コーヒーが見られた。

栽培作物の違いはプランテーションの規模に反映する。北米のプランテーションは総じて小規模であった。サウスキャロライナ、ジョージアの海岸低湿地帯中心の米プランテーションは北米では例外的に大規模となり、ときに奴隷の数が一〇〇名を超えることがあったが、この規模でも、カリブ海のしばしば数百名に達する砂糖プランテーションには遠く及ばない。

もっとも、北米においても砂糖プランテーションがなかったわけではない。ハイチの黒人革命（一七九一～一八〇四年。イスパニョーラ島の西半分、フランスの植民地にしてフランス最大の砂糖生産基地となっていたサン・ドマングで、フランス革命を契機に黒人奴隷が反乱蜂起する。途中、フランスのみならずスペイン、イギリスによる干渉、妨害等があったにもかかわらず、結局、一八〇四年に世界初の黒人自由共和国ハイチが誕生する。ちなみに、同島の東半分のスペイン領サント・ドミンゴは一八四四年に最初のドミニカ共和国となるが、その後も二〇世紀にいたるまで多くの曲折を経験する）の進行する中で、騒乱のサン・ドマングを逃れたプランターたちがルイジアナのミシシッピ川河口付近に移住し、砂糖プランテーションを建設したのである。が、その数、砂糖産出量は限定的で、砂糖プランテーションがアメリカの奴隷制の重要部分を構成することはついになかった。

プランテーションの規模の違いは、奴隷管理の手法の違いにつながる。北米のそれは総じて家族主義的、家父長制的であり、奴隷の処遇、健康配慮に相対的に手厚い一方、奴隷の行動管理には厳しく、奴隷の逃亡、とりわけ反乱の予防のための監視制度は入念に作られていた。奴隷制はほぼ完璧に近い閉鎖系として作りあげられており、奴隷主による奴隷の私的解放（manumission）は極度に制限される。奴隷人口は、一八世紀前半には早くも自然増に転じており、新世界の奴隷制三五〇年の歴史の間にアフリカから連行されてきた一千万人の黒人のうち、北米に送り込まれたのは約五〇万人の黒人にとどまっていた。

北米の奴隷管理方式に比してラテン系のそれは、奴隷主による奴隷個々人の生活への干渉程度が小さく、奴隷集団の一括的・集団的管理の色合いが強かった。奴隷労働は総じて苛酷であり、奴隷労働力の激しい損耗と損耗分の新規補給とが永らく繰り返されていた。若干誇張的にいえば、奴隷管理は奴隷の使い捨てそのものであった。そのため、奴隷人口は一九世紀に入っても容易に自然増に転じない。他方、奴隷の奴隷身分からの解放への経路は比較的緩やかに設けられており、また、奴隷の逃亡と逃亡奴隷のその後の自立生活の確保のチャンスも北米よりはるかに大きかった。奴隷の反乱は北米と比較して顕著にその頻度が高く、参加人数が千人を超えるような大規模な奴隷反乱が幾度か生じていた。

奴隷制とアメリカ独立革命

一七六三年、パリ条約の締結により、ヨーロッパから世界に飛び火していた七年戦争が終結する。戦争の一方の当事者イギリスは膨大な戦費がもたらした国庫の逼迫を理由に、従来からの北米植民地への不干渉政策を転換し、植民地人の日常生活活動に直接課税しようと試みる。植民地人はこれに抵抗し、本国と植民地との関係が深刻にきしみ始める。

このころにはすでに、北米一三植民地に黒人奴隷制が根付いて久しい。とはいえ、奴隷制の実際は、植民地間でかなりの違いがあった。ニューイングランド地方では、独立自営農民を核とした家族農業社会が築かれており、奴隷に期待されたのは、家族農業のための補助的・補充的労働力となることであった。奴隷制はおのずと小規模となり、自営農民の保有奴隷の数は、典型的には一、二名にとどまっていた。

これに対して、上南部チェサピーク湾岸部（ヴァージニア、メアリランド）では、煙草、インディゴを商品作物とするプランテーション（一般に奴隷二〇名以上を擁する農場がプランテーションと呼ばれる）が基本的に奴隷労働によって支えられていたが、保有奴隷の数が二〇名を超える奴隷主はむしろ少数派に属していた。

深（低）南部サウスキャロライナ、ジョージアの海島部低湿地帯においては、ときにはカリブ海型に肉薄するような巨大プランテーションによって米、長毛の綿の生産が行われていた。北米では異例の多数奴隷を所有するプランターたちは南部随一の洗練された都市チャールズトンに居住し、イギリス貴族風の豪奢な生活、洗練された文化を謳歌していた。

ニューヨーク、ペンシルヴェニア等の中部植民地では、小麦その他の穀類が奴隷制農業の主要産品となっており、その奴隷制は総じて、ニューイングランドと南部との間の中間的な形態をとっていた。

イギリス本国との対立を深めた北米植民地はその後、独立戦争への突入（一七七五〜八三年）、独立宣言（一七七六年）、連合規約の制定（一七八一年批准）、パリ平和条約の締結（一七八三年）、合衆国憲法の制定（一七八七年成立、八九年批准完了）等々の階梯を経て、新たに連邦共和国として出発する。この一連の過程（おおよそ一七七〇年から一七九〇年までの二〇年間）は一般にアメリカ独立革命と称される。

北米の奴隷制は、この独立革命期およびその後の一〇年間に大きく変貌する。イギリスからの独立を果たした植民地は独立国としての邦（state）となり、さらにアメリカ合衆国を構成する州となるが、その間に北部諸州は奴隷制を順次撤廃してゆく。議会制の求める手続を践み、粛々と自主的かつ平和裡に、奴隷主、奴隷のいずれに対しても特段の補償金などを支払うことはせず（ただし、例外として、ニューヨーク、ニュージャージー）、解放奴隷のアフリカ送還、国外植民などを求めることもなく、奴隷制の廃止、黒人奴隷の解放を実現した。

しかし、北部諸州のこうした動きを目の当たりにしても、南部からはついに奴隷制を廃止する州は出てこなかった。ともにイギリスと戦って独立をかちとり、合衆国憲法のもとに連邦に集結した北部州と南部州であったが、奴隷制をめぐって、両者は大きく将来の道を分けることになる。

アメリカ独立宣言と奴隷制

トーマス・ジェファソンの起草になるアメリカ独立宣言は、独立革命期の奴隷制に対してどのような役割を果たしたのだろうか。同宣言は、「人はすべて平等に造られており、造物主から譲り渡すことのできない一定の権利を与えられていること、そこには生命、自由、幸福追求の権利が含まれていること」が自明の真理であると宣明していた。ここに見られる自然権的、天賦人権論的な自由平等思想が北部各州における奴隷制の廃止に向けて強烈なインスピレーションとして作用したのではないかと推測するのはむしろ当然であろう。たしかにその推測に根本的な誤りはない。が、厳粛な歴史的事実はそれほどストレートでも単純明快でもない。

というのは、独立宣言はそもそも奴隷制を否定するものとしては作られておらず、その作成当事者のみならず、当時の社会も一般に宣言と奴隷制とは無関係と受けとめていた。宣言のいう「人」は奴隷を含まないというのである。今日的思考からすれば、ありえない議論ではあるが、奴隷を「物」とする制度の存在を前提にするかぎり、独立宣言は奴隷制の廃止についいては直接ふれていない、せいぜい将来的な課題としてそれを認識するにとどめたという立場、考え方がありえたのである。独立宣言への署名者五六名中、ジェファソンを含めて四一名が奴隷主であった。彼らのうちのだれかが宣言発表後に宣言のゆえに奴隷を解放したという事実はなく、宣言のゆえに直ちに奴隷制を廃止した植民地も存在しなかった。

そもそも宣言作成に関わる起草委員会、大陸会議が奴隷制の命運いかんについて正面切って議論することはなかったが、宣言作成者たちの意向はむしろ奴隷制の存置の方向にあったことを示すエピソードが残っている。独立宣言はもともとイギリスとの訣別の正当化をねらいとした文書であり、そのため、内容の主要部分は国王ジョージ三世の犯した非行、罪科の枚挙、告発から成っていた。ジェファソンの草案中には、国王のそうした罪科のひとつとして、「自身がキリスト教徒でありながら、罪のないアフリカの黒人の権利を奪い、植民地の反対にもかかわらず、奴隷として植民地に送り込み、さらにそれだけでは足らず、かれら黒人奴隷をそそのかして武器を取らせ、植民地人に対して反抗するように仕向けた」との、ジェファソン一流の名文で書かれた迫力あるくだりが含まれていた。が、ジョージ三世のこの罪科が委員会で削除されるのである。

削除の基本的理由は事実に反するその誇張的な表現にあった。というのは、ジェファソンの住むヴァージニアは一八世紀後半以降、煙草栽培の生産性の低減とともに、商品作物を煙草ほどには労働集約的でない小麦、トウモロコシに切り替えてゆくが、そのために奴隷に過剰が生じる。ヴァージニアは奴隷の価値の維持をねらいとして一七七二年、奴隷の輸入税を引き上げるのであったが、イギリス本国（商務庁 Board of Trade）がこれを許さなかった。このことに対する抗議が先の記述であったが、厳密には、それは事実に反していた。イギリス本国が奴隷制ないし奴隷の購入を植民地に押しつけたことはなく、ヴァージニア等が奴隷制を廃止しようとしたこともないのである。そして植民地にさしあたり奴隷制を廃止する用意がない以上は、真実を曲げてまで奴隷制の問題に深入りするのは賢明とはいえない。起草委員会は、ジェファソンの記述に含まれた奴隷制非難の強いトーンがひるがえって植民地の奴隷制にはね返ってくることをおそれて、当の一項を完全に削除することを決したのであった。

考えてみれば、独立宣言はイギリス軍が大陸会議の本拠とするニューヨークに迫りつつある緊迫した状況のなかで、急ぎ策定されており、その作成者たちにとって奴隷制の向後の有り様いかんに関し抜本的な検討を加える時間的余裕はそもそもなかった。さらにいえば、独立宣言の基本目的はイギリス本国からの訣別、植民地の独立を内外に示すことであって、独立後の植民地のあり方、新国家の建設等について何かを言うことはその一次的なねらいではなく、客観的にもそうしたことにまで意を割きうる状況はなかった。宣言の展開する自由平等思想はもともと宣言を格調高く、華麗にする飾りつけとして置かれた意味合いが強く、宣言は植民地の独立達成とともにその役割を終え、早晩消滅する運命の文書として作られていたのである。こうした事情が、奴隷制との関係で将来生じるかもしれない緊張関係については特段の配慮をせず、独立宣言を見切り発車させたのである。

北部各植民地（邦、州）における奴隷制の廃止

しかし、作成者の意図がなんであれ、独立宣言それ自体があるいはその延長線上にあるメッセージが奴隷制否定の強力なモメントを含むものであることはいうまでもない。北部諸州は時の経過とともに、独立宣言に込められた思想から徐々に影響を受けはじめ、あるいは独立宣言を生み出した時代の思潮に次第に後押しされ、順次、その奴隷制を廃止してゆく。その概略を示すと、次のようであった。

▽憲法規定による奴隷制の廃止

ヴァーモント（一七七七年）
マサチューセッツ（一七八〇年）
ニューハンプシャー（一七八三年）

▽特別法の制定による奴隷制の廃止

ペンシルヴェニア（一七八〇年）
コネティカット（一七八四年）
ロードアイランド（一七八四年）
ニューヨーク（一七九九年）
ニュージャージー（一八〇四年）

州憲法による奴隷制廃止方式をとると、廃止は一挙的、抜本的となるが、一般にその規定内容が簡潔かつ抽象的とならざるをえない憲法規定にはしばしば多義性、曖昧さ等がともない、別に法律による実効化措置をとらないときには空文化してしまうおそれもある。これに対して、特別法による廃止方式をとれば、制度廃止のインパクトの緩和措置、制度の段階的廃止、廃止にともなう補償の提供等のきめの細かい対応が可能となるが、その内容は概して微温的、保守的になりがちとなる。事実、特別法方式をとった上記諸州は、細部に差異はあるが、「法制定時に奴隷である者は死ぬまで奴隷である」「法制定後に生まれた奴隷の子は奴隷身分から解放されるが、一定年齢の成人に達するまでの間は、徒弟として奴隷主の拘束下におかれる」との漸進的、段階的な撤廃方式をとる点で共通しており、奴隷の完全消滅、奴隷制の完全撤廃までに少なくとも数十年を見込んでいた。

しかし、この制度廃止方式は実際には、予想外の大成功をおさめる。奴隷制の将来的な廃止が公的な政策となるや、奴隷主による自発的な奴隷の解放、奴隷の州外への売却等が加速され、奴隷制の自然的な崩壊が法の想定をはるかに超えるスピードで進行してゆき、早くも一八一〇年ころにはこの撤廃方式をとった州の奴隷制はほぼ形だけのものとなったのである。

南部植民地の奴隷制

だが、南部州の対応はまったく違っていた。独立革命の進行する中、一時期、奴隷主による個別的奴隷解放を容易化する制度改革がヴァージニア州などの一部の州で見られたが（たとえば、一七八二年のヴァージニア法。これによりヴァージニアの自由黒人の数は増加するが、ヴァージニアはその後一八〇六年には、解放奴隷は解放後一年以内に同州を去らなければ奴隷身分に戻されるとの法の制定により、解放を制限する）、奴隷州の大勢の反応は逆の方向を向いていた。

プランテーション放棄を呼びかけるイギリス軍の奴隷向け宣伝活動、戦時の奴隷管理の弛緩等により、独立戦争の進行中に奴隷の逃亡が多数発生し、奴隷制は少なからず動揺したが、奴隷主は戦後いち早く奴隷制のほころびの修復、補強に取り組む。憲法制定会議（一七八七年）では、北部州の代議員の反対意見を強引に押し切り、合衆国憲法中にいくつかの奴隷制条項を挿入するのに成功する（詳細は後述）。サウスキャロライナなどは連邦の発足後、中断していた奴隷輸入を再開する。一九世紀に入るころには、ヨーロッパの巨大な綿需要を満たすために、綿花プランテーションと奴隷制が西方に向けて（サウスキャロライナ、ジョージアからアラバマ、ミシシッピ、さらにはアーカンソー、テクサスへ）飛躍的に拡大してゆく。金融、保険、鉄道、海運、造船、繊維産業等を中心にアメリカ経済の全体が南部州の綿花栽培に関わり利益を得ており、北部州も容易に奴隷制に反対を唱ええない状況が現出する。

南北植民地の選択を違えさせたものは何であったか

独立革命はアメリカが奴隷制を廃棄する絶好のチャンスであった。北部はそのチャンスを生かし、新世界の黒人奴隷制廃棄の最初の例となったが、南部は座視してチャンスを逸した。その結果、アメリカ独立革命はイギリスからの独立を果たしはしたが、内部的には奴隷制の大部分を残し、社会変革として不完全、未完のものに終わった。自由の国アメリカはその内に重大な「不自由」の汚点を残すこととなった。何が北部と南部とでその選択を違えさせたのか。

その答えはつまるところ、奴隷制が人々の生活にどれだけ深く食い込んでいたか、その必要度、重要度の差にあったというべきであろう。南部州においては、奴隷制は経済、社会の不可欠的構成部分をなし、それを欠けば人々の生活そのものが成り立たなくなるまでになっていた。これに対して北部州においては、多少の不便、不都合は生じるにせよ、奴隷制を廃棄したからといって経済、社会の根幹が揺らぐというような話ではなかったのであった。

そして南北のこの選択の違いは、黒人の独立戦争への参加について南北がとったスタンスの差にもすでにある程度現れていた。独立戦争が始まった一七七五年、ニューイングランドの植民地は志願兵の不足分を二〇〇名の黒人兵士によって補う試みを始める。大陸軍司令長官のジョージ・ワシントン（ヴァージニア出身の大奴隷主。ワシントンは奴隷主としての実務についてジェファソンよりはるかに有能であったが、黒人に対して通常奴隷主がもつ偏見からは比較的に自由のようであった）は、黒人兵の登用にはじめ消極的であり、黒人の入隊をこれ以上進めることには反対していたが、戦争の長期化とともに、兵士の不足が深刻化してゆく。ロードアイランドは一七七八年、奴隷に対しては戦後の奴隷身分からの解放、奴隷主に対してはその経済的補償を条件として、奴隷を兵士として使用する計画を実施しようとするが、ワシントンはこれを容認、支援する。ワシントン自身の方針転換の結果、戦争終結時には黒人兵士が大陸軍兵士全体の一〇分の一に達するまでになっていたが、それら黒人兵士のほぼすべては北部の黒人であった。

大陸会議は一七七九年、奴隷の集中するサウスキャロライナ、ジョージアについても同様の手法による黒人の動員を望んだが、奴隷の反乱を危惧するこれらの植民地は同意せず、大陸軍兵士の不足の問題に関しては、白人志願兵への補償の強化（補償として金銭以外に、奴隷、土地の付与があった）によって対応しようとする。ヴァージニアもまた、戦争終結までに若干の例外を認めてはいたが、基本的に黒人兵士の登用に否定的であった。つまり、深刻な兵士不足の状況下にあっても、南部植民地はなお奴隷制の綻びを最小限にとどめることの方を優先した。こうして南部では、戦争が終結しても、戦争参加を理由に解放すべき奴隷の問題が生じることはなかった。しかし、戦争の機会に乗じてプランテーションを捨て、イギリス軍のもとに駆け込み、馳せ参じた黒人の数は少なくなく、戦争の終結時、南部植民地は総計で数万人単位の奴隷を失っていた。そうした奴隷の多くは、戦後、イギリス軍とともに自由民としてアメリカを去っていった。

自由州と奴隷州の分立

北米の一三植民地は、本国イギリスとの戦争に勝利して独立を実現し（一七八三年のパリ条約による）、引き続き、合衆国連邦の建国を果たす（一七八七年九月に合衆国憲法成立、八八年七月に批准完了、八九年三月、新政府の発足）。その後、いくつかの州が新たに加わり、連邦は着実に世界の大国への道を歩みはじめる。そうした新州の誕生、連邦への加入の概略を、ミズーリの危機（一八一九〜二一年）までの間について見ると、次のようであった。

▽奴隷制を否定する州（自由州）

ヴァーモント（一七九一年。ヴァーモントが北米で最初に奴隷制を廃棄したことは先に見たが、ヴァーモントはもともとフランスの支配下にあった。七年戦争を収拾する一七六三年のパリ条約によってその領有はイギリスに移るが、独立戦争が始まり、イギリスが撤退すると、その東西に位置するニューハンプシャーとニューヨーク両州がともにヴァーモントに対する権利を主張して対立する。かかる対立状況の中で、一七七七年、ヴァーモントは奴隷制廃止条項を含んだ憲法をいち早く制定し、独自にコモンウェルスの宣言をする。その後、一三州と歩調を合わせて独立戦争を戦ったのち、一七九一年に合衆国第一四番目の州となる）

オハイオ（一八〇三年）

インディアナ（一八一六年）

イリノイ（一八一八年）

▽奴隷制を容認する州（奴隷州）

ケンタッキー（一七九二年）

テネシー（一七九六年）

ルイジアナ（一八一二年）

ミシシッピ（一八一七年）
アラバマ（一八一九年）

自由州、奴隷州の数はミズーリの危機の開始当時、一一対一一と相拮抗していた。これらを地理的に観察すると、メイソン・ディクソン線（Mason-Dixon Line. 一七六〇年代にペンシルヴェニアとメアリランドとの間で生じた州境をめぐる紛争の解決として画定された境界線）と、同線の西方への延長線がオハイオ川と出合ったのちはオハイオ川を境界線として、すべての自由州がその北側に、すべての奴隷州がその南側に位置していた。つまり、奴隷制をもつ州ともたない州とがこの線を境にして正確に南北に分かれる。ここに北部、南部の語が単なる地理的用語であることを超えて、奴隷制に関する自由州、奴隷州ブロックを指称する意味をもった言葉となる。この意味での北部、南部は合衆国のスタートの時点ですでにある程度まで形成されてはいたが、時代を下るとともにその意味合いはさらに強まってゆく。

一七八七年北西部条例

南北両地域の分化は基本的には各州の自主的選択の積み重ねが生みだした自然的な結果であって、そこに特段の公的政策が関わるところはなかった。が、その唯一の例外となるのが北西部条例

(Northwest Ordinance)であった。同条例は、一七八七年七月、憲法制定会議がフィラデルフィアで合衆国憲法案を検討していたまさにその時に、解体間際の連合会議(Confederate Congress)がニューヨークでその最後の仕事として決議した条例であり、新憲法下での第一回連邦議会(八九年三月~九一年三月)において、あらためて連邦法とすることが確認されたものであった。同条例は、その名称のとおり、連合会議が八三年のパリ条約によりイギリスから獲得した「北西部」(ミシシッピ川とオハイオ川に挟まれた地域をいい、のちにこの地からオハイオ、インディアナ、イリノイ、ミシガン、ウィスコンシンの五州とミネソタ州の一部が生まれる)につき、その将来的な開発方針を定めたものであったが、その一条項が同地域での奴隷制を、次のような文言で禁止していた。

「本領土においては、正当に有罪とされた犯罪を理由に行為者を処罰する場合を除き、奴隷労働もその意に反する苦役も存在しえない。ただし、逃亡元州において合法的に労働ないし役務の義務を負う相手方である権利者から本領土に逃げ込んできた逃亡者は、合法的な権利者のもとに取り戻され、送還されうる。」(六条)

本奴隷制排除条項が連合会議内で十分に議論された形跡はなく、そもそものねらいは何だったのか、すでに同地域に存在する奴隷制をどう扱うのか、禁止の実効化措置をどうするか、違反の排除措置、違反への制裁はどうなるのか等々の問題はすべて不明で、よくわからないままであった。しかし、犯罪処罰および逃亡奴隷の返還の場合を除いて、奴隷制をいっさい排除するとの本条項の基本的メッセージそれ自体は明確である。

北西部条例の適用地域であるインディアナ、イリノイ、特にこれらの州の南部地方には、ケンタッキーから多数の農民が奴隷を連れ、オハイオ川を越えて移住してきていた。さらに同地域にはフランス統治時代からの奴隷制も残っていた。そのため、イリノイ州には一九世紀に入ってからも永らく奴隷制ないし実質的にそれに近い長期の年期契約慣行が生き続け、同州は北部随一の「奴隷州的な自由州」となっていた。

かりに北西部条例が北西部の地につき奴隷制を禁止していなかったなら、同地域の一部から奴隷州が生まれていた可能性も否定しえない。その意味では、条例の奴隷制排除効果を過大評価すべきではないとはいえ、オハイオ川が最終的に自由州と奴隷州とを分かつ境界線となるのに北西部条例が一定の役割を果たしたことは否定できない。

この北西部条例に関してはいまひとつ、制定時にはまったく問題とされなかったが、のちの奴隷制論争において激しく争われることになる重要論点がその中に含まれていたことにふれておく必要がある。というのは、北西部条例は、連邦領土において奴隷制を認めるかどうかの決定権限は連邦（議会）に帰属するとの考え方を前提としてできあがっている。そしてそれは憲法（第四章三条二項）

の認めるところでもあるというのが、長らく支配的な見解であった。ところが、その後数十年を経て、過激な奴隷制擁護派、いわゆる奴隷権力（Slave Power）が攻撃性を強める一八五〇年代になると、のちに検討されるように、同条例は憲法違反で無効だとの議論が強力に主張され、ついには連邦最高裁判所（ドレッド・スコット事件判決）までがこの見解に与することになる。

自由州、奴隷州とミズーリの危機（Missouri Crisis, 1819—21）

合衆国憲法に基づきスタートした共和国には奴隷制につき見解を異にする南北ふたつの州ブロックが併存し、それらが事実上住み分けをしていた。当初は、共和国の存続の危ぶまれる緊張した状況もあったが、一二年戦争（米英戦争、一八一二～一五年）後は、共和国の分裂はほぼ杞憂となっていた。ジェームズ・モンロー政権のもと、国家としての安定を得た共和国は、交通革命、市場革命を目前にしてまさに離陸、飛躍の時期を迎えようとしていた。

奴隷制は、一九世紀に入って驚異的に増大してゆくイギリスの綿需要に応えるために、猛烈なスピードで西方に拡大してゆく。南北は奴隷制に関連して相互に違和感を抱いてはいたが（北部は概して皮肉、非難の意味を込めて、南部は誇るべきそのアイデンティティの証しとして、奴隷制を「独特の制度 peculiar institution」と呼んでいた）、特にそれが問題となるような政治的、社会的な状況はさしあたりなかった。この静穏を一挙に壊したのが、一八一九年に発生したミズーリの危機である。連邦議会において議員たちが南北に分かれて、奴隷制について一大論争を展開する。奴隷州の議員からは、その主張が容れられないときは連邦離脱もやむをえない、との声まであげられる。

ミズーリの危機の核心は、ジェファソンが一八〇三年にナポレオンから購入したルイジアナの地（Louisiana Purchase. ミシシッピ川とロッキー山脈を東西の、カナダとメキシコ湾を南北の境とするアメリカ中央部の広大な土地）のほぼ中央部に位置するミズーリ地方をミシシッピ川以西の最初の州として連邦が受け入れるに際し、これを自由州とするか奴隷州とするかの問題であった。ミズーリ自身は、すでにその地に奴隷制がある程度根付いていたこともあって、奴隷州としての連邦加入を望んだが、北部の一議員（ジェームズ・タルミッジ。ニューヨーク州選出の下院議員で、ジェファソン派共和党員であった）が突然、ミズーリの連邦加入条件として奴隷制の段階的廃止を求める修正提案をするのである。

当時、議会はジェファソン派共和党員一色で占められており、政党派的対立はそもそも存在しない状況であったため（連邦、北部の利益を代表する傾向の強かったフェデラリスト党は一二年戦争への反対以降、凋落の一途をたどり、この時期にはほとんど自然消滅の状態にあった）、南部の議員たちは驚愕するが、もとより提案には絶対反対であった。上下両院の賛否状況は、北部が修正提案に賛成、南部は絶対反対と、地域ラインに沿って分かれ、相互に激しい論争を展開する。

ミズーリの妥協、ミズーリ妥協線とは

結局、一八二〇年の冬から春にかけて、議会は、まずメイン州の自由州としての連邦加入を承認したのちに、大略、次のような妥協策を議決することになる。

①ミズーリを奴隷州として連邦に加入させる。
②今後、ルイジアナ購入地から生まれてくるであろう新州の取扱いに関しては、ミズーリ州の南境界線である北緯三六度三〇分を基準線として設定し、この基準線（ミズーリ妥協線）以北に位置する州はすべて自由州になるものとし、そこでの奴隷制は禁止される。

ミズーリの妥協は、ほとんど筋目、理屈を見出しがたい南北議員間の奇妙な、文字どおりの妥協であった。が、ともかくもこの妥協の成立によって自由州と奴隷州との数の均衡が当面保たれることとなる（州数は各一二）。さらに、ミシシッピ川以西についても、同川以東の南北境界線（オハイオ川）より緯度が若干南に下がることにはなるが、南北を画する境界線が設けられることになった。このミズーリ妥協線が順守されるならば、今後ルイジアナ購入地から生まれる新州については、自由州となるか奴隷州となるかがその地理的位置関係によって機械的に決まり、ミズーリの危機がふたたび生じることはないことになる。そして驚くべきことに、事態は想定どおりに展開してゆく。

イギリス、アメリカにおける奴隷制廃止運動のシンボル

このミズーリ妥協線によってその後、一八五〇年代にいたるまでの三〇年間、連邦領土の州成りに際して奴隷制をめぐり南北両地域が顕著に対立することはなかったのである。ミズーリの妥協はさしあたり成功であった。

奴隷制廃止運動の勃興

ミズーリの危機は、基本的には連邦議会における自由州と奴隷州の対立であるにとどまり、社会一般までを巻き込むようなものではなかった。が、一九世紀前半のアメリカ社会は宗教的意識の高揚期にあり（第二次信仰大覚醒 Scond Great Awakening）、各種の社会改良運動がこの時代に生まれている。そのひとつが、一八三〇年代とともにニューイングランドを中心に北部各都市に湧き起こる各種の反奴隷制運動、奴隷制廃止運動（anti-slavery、abolitionism）であった。その口火を切るのは、ボストンのウィリアム・ロイド・ギャリソンであった。ギャリソンは一八三一年、運動紙「解放者 The Liberator」の発行をスタートさせ、いっさいの妥協を排する過激な（しかし、非暴力の）即時無条件の奴隷制廃止運動の唱導に乗り出す。

一八三三年には、ギャリソンなどのリーダーシップのもと、反奴隷制運動・団体を統括する全国組織としてアメリカ反奴隷制協会（American Anti-slavery Society, AASS）が結成される。同協会は三〇年代なかばに、ふたつの大規模な反奴隷制運動を展開する。ひとつは、有名、無名を問わず、住所の知れた南部人に向けて、北部から無差別に反奴隷制関連のビラ、ちらし等を送りつける郵便闘争、ダイレクトメール闘争であった。送られた郵便物の数は二年間で一〇〇万通に達したといわれるが、かさばる経費のため、運動の重点は次第にいまひとつの運動、連邦議会への請願運動の方に移ってゆく。

ＡＡＳＳの請願運動とは、首都ワシントンの奴隷制廃止、奴隷売買の禁止等に関して、時にその数が数千にも達する数多の請願を繰り返し議会に提出する運動であった。首都ワシントンは、上南部の奴隷州ヴァージニア、メアリランド両州から連邦に提供された土地上に建設されており（連邦の首都をどこに置くかは建国時の南北の重大関心事項であった。南北いずれも自地域内に首都を置くことを強く望んだが、結局、北部州が独立戦争時にヨーロッパに対して負っていた債務を連邦が肩代わりすることを条件に、アレグザンダー・ハミルトンがポトマク川周辺に固執するジェファソン、ジェームズ・マディソンに譲歩した）、土地とともに奴隷制を含めて両州の法制度をそのまま継承していた。ＡＡＳの請願はこの奴隷制の廃止を求めるものであったが、請願の数の多さに閉口した下院は、効率的な対応策として、誓願の委員会付託などの正規の手続を省略し、請願のすべてを一括棚上げするという乱暴な処理手法（gag rule）をとる。それは当然、憲法の保障する請願権の侵害だとの批判を呼ぶこととなった。

奴隷制廃止運動の卑俗化、現実政治との融合

こうした奴隷制廃止運動の社会的影響力はいまだ小規模にとどまっていたが、運動は確実にその裾野を広げてゆく。南部は、奴隷制廃止運動に対する反感、反撃を強め、「奴隷は北部の賃金奴隷wage slaveよりも豊かな生活を享受している」「奴隷制は奴隷にとっても善である」といった開き直り的、攻撃的な主張（positive good theory）を展開しはじめる。過度に理想主義に傾斜し、そのために社会一般からは孤立気味であった奴隷制廃止運動の主流の側にも変化が生じはじめる。それは、運動の成果は現実の政治への参加、関与を通してしか得られないのではないかとの反省に基づいていた。

こうして奴隷制反対運動家の多数派は一八四〇年、奴隷制廃止を党綱領とする自由党（Liberty Party）を結成し、政党政治活動に乗り出す。それは必ずしも直接的成功にはつながらなかったが、既存の二大政党である民主党（一八二八年の大統領選挙時に、アンドリュー・ジャクソンの懐刀であったマーティン・ヴァン・ビューレンがつくりあげた）、ホイッグ党（一八三〇年代中期、ヘンリー・クレ

イ、ダニエル・ウェブスター、ウィリアム・スューワッドらが結党）に対して影響を与え、奴隷制廃止運動と政治運動とが徐々に融合しはじめる。かくして奴隷制（の拡大を許すかどうか）が政治社会の一大問題となる一八四〇年代後半以降の政治の時代が到来する。

第三章　政治問題としての奴隷制

ミズーリの妥協以降、政治問題としては沈静化していた奴隷制が、メキシコ戦争（一八四六～四八年）を契機ににわかに連邦議会を揺るがす大問題となる。そのきっかけは、連邦が戦後に獲得するであろう連邦領土につき奴隷制を禁止できるかどうかの問題であった。奴隷制の一般的な禁止ではなく、その「領土への進出不可」という迂遠ないし控えめな問題がなぜそれほど重要だったのだろうか。それには、奴隷制に対して憲法のとるスタンスが深く関わっていた。合衆国憲法は、後に見るとおり、奴隷制につき一定の支援をしているが、それにもかかわらず、「奴隷制は州権事項であって、連邦はこれに関与できない」と考えるのが支配的な憲法解釈であった。

反奴隷制諸派がかかる憲法的環境の中で、有効な第一着手として選んだのが奴隷制の連邦領土への進出反対である。反奴隷制諸派は、かりに支配的な憲法解釈を前提にしても、連邦直轄領土（いまだ州成りしていない既存の領土、戦争、買収等により新たに獲得した領土。首都ワシントンは、領土と同様、連邦の管轄下にあり、その奴隷制の撤廃は連邦管轄事項と解されえた）に関するかぎり、連邦は奴隷制を禁止できるはずであると考えたのであった。

しかし、南部の奴隷制勢力は、これさえも絶対反対であった。奴隷制を領土から閉め出すのは憲法が奴隷主に保障する権利の侵害だとする。この対立する二見解の間に割って入り、問題をさらに複雑にするのが、スティーヴン・ダグラスの主唱する住民主権論（popular sovereignty）であった。そしてこれが高度に政治的な問題となるについては、いまひとつ別の憲法的事情が加わっていた。憲法は上院議員定数を一律一州二名とする。そのため、領土が新州として連邦に加入するとき、それが自由州、奴隷州のどちらになるかが連邦上院の勢力地図を直ちに書き変えることになるからであった。

メキシコ戦争に触発され提起された奴隷制問題は、五〇年代のアメリカの政治社会を揺さぶり、北部と南部とを修復不能なまでに引き裂き、ついには南北戦争に至らしめる。本章の課題は、合衆国憲法の有する奴隷制関連条項の意義をまず検討し、続いてそれら条項の形作る憲法的環境の中で、奴隷制問題が政治問題、憲法問題としていかに南北の相互理解を妨げ、連邦を深く切り裂いていったかを、メキシコ戦争の収拾から五〇年代末年までの主要事件、事象を通して概観することである。

合衆国憲法と奴隷制

奴隷制をどう扱うかは、フィラデルフィアの憲法制定会議（一七八七年）での大問題であった。ニューイングランド諸州、中部のペンシルヴェニアは当時すでに奴隷制廃止に踏み切っており、残る中部州でも廃止は早晩必至の状況であった。が、南部が奴隷制を手放す見込みはなく、とりわけ深南部のサウスキャロライナ、ジョージアは強硬である。憲法が奴隷制を禁止するならば、憲法制定会議からの離脱も辞さないという。他方、北部でも、マサチューセッツ、ニューヨークのように金融・保険、繊維産業、海運業等が盛んで、奴隷制・奴隷貿易と強い関わりをもっていた州は、南部州の奴隷制に関して微妙なスタンスをとった。

結局、奴隷制反対の立場をとる大部分の北部代議員たちは、共和国建設という大目的のために、涙をのんで譲歩する。その結果、憲法は奴隷制に関して次の三条項を有することとなる。すなわち、①五分の三条項、②奴隷輸入条項、③逃亡奴隷条項であった。しかし、憲法はこれらの条項を設けるに際して、奴隷制に関する総則的な基本規定はもとより、各条項間の調整的、統合的な規定を置くことをせず、また、奴隷制について規定しているにもかかわらず、「奴隷」「奴隷制」(slave, slavery)の語の使用をきわめて自覚的、意図的に避けるなど、不明瞭かつ不明朗な姿勢をとっている。

これをとらえて、憲法の反奴隷制的性格がそこに垣間見られるのだとする強弁気味の主張がある。が、憲法が奴隷制の積極的推進を図ろうとする意図まで有していたかどうかはともかく、憲法が奴隷制を許容、容認していること自体に疑問の余地はない。具体的に見てみよう。

憲法の奴隷制条項・その一　五分の三条項（憲法第一章二条三項）

本条項は、州の下院議員定数（その数は、大統領選挙人の数にも反映される）を人口基準によって算定する際に、奴隷を自由民（白人）の五分の三としてカウントするという、いささかショッキングな規定である。奴隷を動産だというのなら、奴隷人口はいっさいカウントしないというのがむしろ筋のはずであったが（奴隷に投票権はなく、議員が奴隷の利益を代表すべき義務もない）、何が何でも自己利益を擁護しようとする南部代議員の強硬な姿勢の前に、北部が屈した結果であった。ジェファソンの二回の大統領当選はまさにこの水増しされた議員定数のおかげであったといわれる。

もっとも、北部人口が南部をはるかに凌ぐ勢いで増加してゆくにつれ、本条項のインパクトは徐々に減殺されてゆく。南部の白人人口は一八四〇年段階ですでに北部の半分以下となっており、黒人人口をそのまま加えても、総人口はとうてい北部に及ばない状況となっていた。しかし、その外見、形としての醜悪さは、当該条項が一八六八年の憲法修正一四条により削除されたのち、一五〇年以上が経過した今日においてもなお、これを見る者を、とりわけアフリカ系アメリカ人を極度に困惑させずにはおかない。

なぜ五分の三の数字が選ばれたのだろうか。基本的には理屈のない妥協の産物としての数字であったが、有力説によれば、その起源は連合会議時代の各邦の費用負担の議論にあったという。連合規約（Articles of Confederation, 1781）八条によれば、連合会議運営費用の各邦への分配、各邦の負担分は「土地の価値」を基準にしてなされるべきであった。その解釈として、土地の価値は実質的には人口によって決まるところ、奴隷の生産性は白人の五分の三と見るのが妥当であるゆえ、奴隷は白人の五分の三として人口にカウントされるべきだ、という議論がなされたことがあったのである。

憲法の奴隷制条項・その二　奴隷輸入条項（憲法第一章九条一項）

本条項は、奴隷輸入が一八〇八年まで連邦議会によって禁止されてはならないとする。つまり、各州が望むかぎり、憲法制定後二〇年間は連邦は奴隷輸入を認めるという。奴隷制を終焉させるのにまず奴隷の給源を断つというアプローチにはそれなりの意味があること、アフリカでの人身売買それ自体が人道に反すること、奴隷船による大西洋横断がきわめて苛酷であること、奴隷貿易禁止の国際的関心が強まりつつあったこと等々からすれば、奴隷制の存続それ自体にはふれずに奴隷輸入だけを禁止するという政策にもそれなりの妥当性が肯定されうる。しかし、本条項はその禁止が直ちに発効するというのではなく、二〇年間の猶予期間を設けている。独立戦争で中断していた奴隷貿易の再開を切望する深南部に対する北部の譲歩であった。

もっとも、上南部チェサピーク湾岸のプランターたちの立場は微妙であった。その主要産品である煙草生産の停滞とその打開策としての小麦生産への転換によって、憲法制定時には上南部の奴隷の数はすでに過剰状態になっていた。小麦生産は煙草ほどには労働集約的でない。過剰な奴隷の深南部への売却を考えるとき、奴隷輸入の継続が国内奴隷市場での奴隷価格の下落につながるからであった。

その後の展開についていえば、ジェファソン政権は一八〇七年三月、早々と奴隷輸入禁止法を成立させており、同法は一八〇八年一月一日から施行されている（ちなみに、イギリスは一八〇七年、アメリカにわずかに先行して、奴隷貿易を禁止している）。しかし、それによってアメリカの奴隷制が縮小することはなかった。輸入禁止法によっても奴隷の密輸入が完全になくなったわけではなかったとはいえ、一八〇〇年代に入ってからの綿花プランテーションの巨大な奴隷需要は、基本的には国内の黒人人口の自然増によってまかなわれていた。それを可能にしたのは奴隷の国内取引、国内移動（基本的には、チェサピーク湾岸から深南部、さらには南西部へ）の活発化であったが、それは同時に奴隷価格の高騰につながっていた。

反奴隷制派の一部から奴隷の国内取引の禁止を求める声の上がることがあったが、それはとうてい禁止の立法化を実現する力となるようなものではなかった。

憲法の奴隷制条項・その三　逃亡奴隷条項（憲法第四章二条三項）

本条項は、逃亡奴隷は権利者の請求があるとき、返還されなければならないとする。奴隷が自由州に逃げ込んでも、自由州の法の適用を受けて自由民となることはない、というのがその前提である。では本条項のもと、自由州は逃亡奴隷の返還のためにその保安官を使うなど、逃亡元の奴隷州のために協力する義務を負うか。逃亡奴隷を捜し、捕獲しようとする者、いわゆる奴隷狩り（slave hunter, slave catcher）が自由州に入り込み、逃亡奴隷を勝手に捕まえ、州外に連れ出すことは可能か。

この問題に対応するため、一七九三年、逃亡奴隷法（Fugitive Slave Act, 1793）が制定された。同法は逃亡犯罪人の州間の引き渡しに準じて、逃亡奴隷の返還手続を定める。すなわち、逃亡奴隷の権利者、その代理人はまず逃亡奴隷を逃亡先州において自力で捕獲したのち、同州の治安判事、連邦裁判所等のもとに連行し、そこで逃亡奴隷であることの証明書を得れば、これを州外に連れ出すことができるとする。しかし、その審理に厳格な証拠法の適用、逃亡奴隷（とされる黒人）の反対証言は認められておらず、陪審手続もない。

同法に対する自由州の反発は強く、一九世紀に入ると、いくつかの州が人身の自由法（Personal Liberty Law. かかる州法として、一八二六年のペンシルヴェニア法が特に有名である）を制定し、逃亡奴隷法に基づく逃亡奴隷の州外連れ出しの阻止を試みる。連邦最高裁判所は、一八四二年（Prigg v. Pennsylvania, 1842）、かかる州法を無効とするとともに、連邦法としての逃亡奴隷法の執行責任は州ではなくもっぱら連邦が負うとの判断を示す。この判決の趣旨にしたがい逃亡奴隷法を再編強化したのが、一八五〇年の逃亡奴隷法であった。それは、奇妙なことに、そもそも連邦が干渉しえない個別の州の制度としての奴隷制に対して連邦の積極的加担の義務を強化するものであった。逃亡奴隷法が奴隷制に対する北部人の感情的反発をかき立て、南北対立激化の触媒として作用するのは、後にみるストーリーである。

反奴隷制的であるよりは親奴隷制的な合衆国憲法

合衆国憲法の奴隷制関連規定はアド・ホックに作られた上記の三条項がすべてであり、奴隷制の総論的規定、奴隷制に対する基本的スタンスを定めるような規定は存在しない。憲法は必要最小限のことだけを、しかも「奴隷」「奴隷制」の言葉の使用を意識的に避け、不自然にわかりにくい用語、表現を用いて規定するなど、その姿勢は何とも歯切れが悪い。南部州の奴隷制への頑なな固執に直面して、彼らを連邦につなぎ止めるために譲歩せざるをえなかった必要最少限の奴隷制事項だけを本意ならず憲法中に盛り込んだというのが、奴隷制に関する憲法の偽らざる真意のようであった。そこには「自由の恵沢 Blessings of Liberty」の確保を標榜する憲法自身の無念の思い、忸怩たるディレンマが透けて見えるといえなくもない。

とはいえ、奴隷制に関して憲法がいうところ、沈黙するところを全体としてとらえれば、憲法の奴隷制擁護姿勢は否定しようがない。奴隷制は憲法上、連邦規制事項とはされておらず、「特に明示的に連邦権限と定める以外の事項はすべて州権事項となる」との憲法ルール（憲法修正一〇条）により、奴隷制は当然に州法下の制度となる。ところが憲法は必要に応じ、この原則に例外を設けるのであり、それが先の①〜③の奴隷制関連条項となる。②の奴隷輸入条項は一八〇八年の段階ですでに終わったものとして除外するとしても、①の五分の三条項、③の逃亡奴隷条項が奴隷制の経済的、政治的価値を高め、その存続を補強するものであることは明らかである。憲法は不干渉、中立の立場をはるかに超えて、奴隷制に積極的に加担している。

奴隷制を許容する憲法下での奴隷制反対運動のあり方

こうした憲法体制のもとで、奴隷制反対運動を合法的に展開するひとつの方法は、州権限の及ばない連邦直轄地への奴隷制の進出に反対することである（憲法第四章三条二項は、連邦は連邦の領土その他の所有物につき法令規則を定める権限を有する、とする）。つまり、アメリカが新たに獲得した領土、既存の領土に関するかぎりで、奴隷制の拡大を阻止しようというのである。

このアプローチは、奴隷制を絶対悪とし、その即時無条件の撤廃を主張する理想主義的な奴隷制廃止運動の立場からは迂遠で中途半端との批判を受けうるが、戦術としては見るべきものがないわけではない。かりに連邦領土への奴隷制の進出、新州の奴隷州としての連邦加入がすべて阻止されたとすれば、少なくとも奴隷州が増えることはない。いっさいの補強なしに封じ込められた既存奴隷州はときの経過とともに衰退、消滅することが期待されうる。奴隷制に関しては、経験則にもとづき当時広く信じられていた理論がある。奴隷制農業は特定の商品作物の生産を繰り返すため、土地は疲弊し早晩当該商品作物の栽培には適しなくなり、新たな耕作地を必要とするようになる。チェサピーク湾岸の煙草生産が衰退し、綿栽培が東海岸からミシシッピ川に向けて移動し、さらにミシシッピ川を越えてテキサス、アーカンソーに広がっていったのはそのためだ、というのである。この理論に間違いがなければ、相当の時の経過を要するとはいえ、奴隷制の封じ込めにはそれなりの意味がある。

そして既存奴隷州の封じ込めには、いまひとつ大きな政治的意義があった。憲法が上院議員定数を各州二名としているため、新たに奴隷州が認められるとなると、それとともに奴隷州の意思、利益を代表する上院議員が二名増えることになる。上院における奴隷州の声をさらに大きくしないためには、奴隷制を既存奴隷州にとどめておくことが、戦略的に重要な意味をもつ。こうして、一八四〇年代以降、領土への奴隷制進出反対は、奴隷制反対諸勢力が基本的に一致しうる最も基本的な戦略となるのであった。

ポーク政権の膨張主義、アメリカの領土の拡大

一八四〇年代のアメリカは、明白な運命論（Manifest Destiny. 自由の恩恵を非文明世界に押し拡げることはアメリカのさだめ、使命である旨の、アメリカ本位の国家膨張主義的な当時の思潮をいう）に突き動かされ、劇的にその領土を拡大していった。民主党大統領ジェームズ・ポークは、一八四五年

一二月、一八三六年にメキシコから独立して共和国となったと主張するテクサスを併合し、これをそのまま奴隷州として合衆国連邦に加える。四六年六月には、長らくイギリスとの共同統治とされていた北米北西岸地域（北米ロシアの南境界線であった北緯五四度四〇分以南の北西岸地域）につき、イギリスとの分割協議に成功する。アメリカはこれによって、北緯四九度以南のオレゴン地方（今日のワシントン州を含む）を獲得し、念願の太平洋岸に到達する。

ポークはその直前の四六年五月、オレゴンよりさらに魅力的なカリフォーニアの獲得をめざし、メキシコに強引に戦争を仕掛けていた。四八年二月、その戦果として、ロッキー山脈から太平洋岸にいたるまでの広大な領土をメキシコから奪い取る（グァダループ・イダルゴ条約）。メキシコは、先のテクサスを含めて、国土の半分以上をアメリカのために失う。アメリカは、念願のカリフォーニアを手に入れ、ここに大西洋、太平洋の両洋に広がる巨大国家の礎を確定させる。その後の六七年、アメリカはさらにアラスカをロシアから買収する。

ホイッグ党は、ポーク民主党政権の攻撃的な膨張主義政策に反対であった。テクサスの併合については、それとともに奴隷制が持ち込まれるのを懸念して、強く反対する。が、併合が現実のものとなったとき、ホイッグ党は、テクサスが奴隷州となることについてことさら反対はしなかった。メキシコではスペインから独立した二〇年代にすでに奴隷制が廃止されていたが、その後に入植したアメリカ人移民が奴隷制を持ち込み、それがすでにテクサスに定着していたこと、テクサスの東側境界はアメリカの奴隷州（ルイジアナ、アーカンソー）と接しており、地理的、風土的にも奴隷州以外の選択は現実的ではないと考えられたためのようであった。

もっとも、奴隷制の擁護、強化を目論む南部民主党は、実はテクサスを奴隷州とする以上のことをねらっていた。将来、大州テクサスが分割されることによって複数の奴隷州が誕生することのありうるのを予想し、テクサス・メキシコ間にあった独立問題とは別のいまひとつの争い、その西南側境界を極力拡大的に（より奥深くメキシコ側に入り込むように）とらえようとしていた。実際には、テクサス州再分割の野望は一八五〇年の妥協によって阻止されることとなる。オレゴン領土の組織化については、その地理的状況からして自由領土とするのが自然であったが、その取得直後に、次に見るウィルモット条項問題が出現し、ことは遅延する。オレゴンが南部の同意を得て自由領土となるのは、四八年八月のことであった（州成りは五九年）。

大統領ポークとメキシコ戦争

一八四四年の大統領選挙はホイッグ党、民主党がともにテクサス併合問題に振り回される、奇妙な選挙であった。ホイッグ党では、強引にテクサス併合政策を進める現職の大統領ジョン・タイラーが党内支持を得る見込みのないため立候補を断念し、テクサス併合、メキシコ戦争に反対するヘンリー・クレイが大統領候補となる。民主党でも、テクサス問題をめぐって候補者選定は紛糾する。

が、ここでは、テクサス併合に消極的な本命、マーティン・ヴァン・ビューレンが党大会で必要な三分の二の支持をどうしても得られない。結局、九回目の投票で候補者指名を獲得したのは、まったくのダークホースのジェームズ・ポークであった。元テネシー州知事で、同郷のアンドリュー・ジャクソンを師と仰ぐポークは強硬な膨張主義者であった。本選挙では、マニフェスト・デスティニー論の渦巻く中、辛勝ではあったが、ポークがクレイに勝利する。民主党は議会選挙でも勝利し、上下両院を制した。

攻撃的な膨張主義者ポーク大統領がテクサス併合を断行し、メキシコ戦争へと突入してゆくのはほとんど既定の路線であった。ポークは四五年一二月、テクサスを併合する。メキシコの抵抗のあることを想定してのことであったが（テクサス併合は、国内的にもきわめて強引であった。上院の三分の二以上の支持を必要とする憲法上の条約批准要件を満たせず、挫折したタイラー前大統領の経験から教訓を得ていたポークは、上下両院の各過半数の支持という違憲の疑いの濃い奇手によって、テクサス併合を断行した）、大方の予想に反し、メキシコはアメリカに対して戦争宣言をしない。カリフォーニアの獲得は多くのアメリカ人にとっての悲願であり、メキシコが同意しないかぎりは力ずくで奪うしかない。ポークは、四六年五月、真偽定かでない事件の発生を口実にして、メキシコに対してみずから宣戦布告する。メキシコ軍がアメリカの領土内（前年末に併合したテクサスの、その境界があいまいなままの状態にあった西側州境内）に侵入し、アメリカ兵を殺害したというのであった。

多年にわたる国内紛争で疲弊しきっていたメキシコに勝利のチャンスのほとんどないことは戦争を開始する以前から明らかであった。戦争はポークの想定どおりに順調に進展してゆく。ポークは同年八月、早くも和平工作、和平にともなう領土の獲得の手続に着手しようとする。そのためにはメキシコに供与する工作費用がまず必要となる。ポークがこれを議会に求めたところ、民主党が多数を占める議会下院において予想外の展開が生まれる。これまでその攻撃的膨張政策がことごとく成功してきたポークにとっては、はじめての難事であった。

奴隷制の領土への進出を否定するウィルモット条項

攻撃的な対外政策により、大統領就任前の期待をはるかに上回る成功を収め、熱狂的な国民的支持を集めているかに見えたポーク政権に対して、突然、与党民主党の北部下院議員が疑問を突きつけ、これをホイッグ党議員が大挙して支持するという事態が発生する。問われたのは、ポークの攻撃的な戦争そのものではなく、今後メキシコからアメリカに割譲されるであろう領土に関し、そこに奴隷制の進出を許すことが妥当かどうかという問題であった。

事件のきっかけは、四六年八月、メキシコとの和平交渉費用として見込まれた二〇〇万ドルの予算につき、ポークが議会の承認を求めたことにあった。ペンシルヴェニア州の民主党下院議員デイヴィッド・ウィルモットが、これについて修正案を提起する。修正案とは、予算要求は認める、ただし、「メキシコからの獲得領土には奴隷制を認めない」旨のただし書き、付帯文言（ウィルモット条項）をつけるというものであった。

ホイッグ党は修正案を大歓迎したが、もともと奴隷制の拡大をねらいとして戦争を支持してきた南部の民主党議員にとっては、自党議員がウィルモット条項を提案したのはまさに驚愕、遺憾であった。議会は奴隷制問題をめぐってミズーリの危機以来の大混乱におちいる。下院はホイッグ党員、多くの北部民主党員の支持を集めて、修正案を可決する。しかし、上院（一八四六年時点で自由州、奴隷州の数は一四対一五であったが、四八年にウィスコンシンが自由州になった段階で両者は同数となり、五〇年の妥協によるカリフォーニアの自由州としての参加以降、自由州の数がつねに奴隷州の数を上回っていた）では、民主党に南部のホイッグ党員が加わってこれを否決するという、ミズーリの危機の際と酷似した、政党分断的、南北地域対立的な投票結果となり、結局、ポークの予算要求は条件の付着しない形で承認されることとなる。

ウィルモットその他の北部民主党議員は、その後もメキシコ戦争関連案件については、繰り返しウィルモット条項を付加した修正案を提出し、そのつど、下院可決、上院否決という決議パターンが繰り返される。四八年二月のメキシコとの和平条約（グァダループ・イダルゴ条約）の批准についても同様であった。ちなみに、この時期、下院議員であったリンカンはホイッグ党員としてウィルモット条項の付いたいくつかの法案に賛成票を投じていた。

奴隷制問題への社会的関心の高まり

南北の両地域にまたがって組織された二大政党、民主党とホイッグ党は、過去十数年間、それぞれ党内に地域的な意見対立を抱えながらも、それをなんとか党内部で解決、調整することに成功してきた（いわゆる第二次政党制）。しかし、こと奴隷制問題に関するかぎり、党はもはや南北の議員全体を統括するだけの指導力、統率力をもたないことがいまやあらわとなった。

メキシコからの領土の獲得が現実のものになると、そこに奴隷制の進出を認めるかどうかはまさに喫緊の問題となる。和平条約調印のわずか九日前の一八四八年一月二四日、サクラメント峡谷で金塊が発見され、その数か月後には世界的な規模のゴールド・ラッシュが起こる。サンフランシスコ近辺の人口は日々爆発的に増加してゆく。新領土の州としての連邦への組み入れは待ったなしの状況となる。

四八年の大統領選挙では、領土における奴隷制の問題が早くから大きな争点となっていた。そしてこの争点をさらに大きくしたのが、同年四月、首都ワシントンで発生したパール号事件であった。それは、女、子供を含めて総計七七人の奴隷が白人の支援のもと、スクーナーでポトマク川を下り、ニュージャージーを目指して逃亡を試みたが、天候不順のために追跡隊に捕まり、ワシントンに連れ戻されるという事件であった。その後に、デモ隊による首都の新聞社の襲撃、逃亡奴隷のブローカーへの売却、白人支援者の裁判とその有罪判決等が続き、奴隷制問題が広く社会の注目を浴びることになる。それとともに、しばらくの間鎮静化していた、首都ワシントンの奴隷制の撤廃、逃亡奴隷法の改正等の問題が再燃し、奴隷制問題はさらにひろがり、紛糾の度を増していった。

連邦領土への奴隷制の進出に関する諸議論の対立

メキシコから割譲された新領土に奴隷制の進出を認めるかどうかの問題については、諸議論は、ほぼ次の四つに分かれていた。

①奴隷制が新領土に進出することは認めない。
②奴隷制を新領土から排除することは許さない。
③奴隷制進出の是非の問題は、住民の自主的な選択に委ねられる。
④ルイジアナ購入地に適用されるミズーリ妥協線（北緯三六度三〇分）を新領土にまで延長し、これを基準線として奴隷制の可否を決する。

①は、ウィルモット条項を支持する北部の民主党員、ホイッグ党員に加え、自由土地党（Free Soil Party）の主張するところであった。自由土地党は四八年の大統領選挙に際して、まさに領土から奴隷制を排除することを目的として誕生した政党であったが、党内には奴隷制とともに自由黒人に

ついても、領土からのその排除を主張する者が少なくなかった。②は南部民主党員の主張であり、奴隷主の財産権をその根拠に据えるのが通例であった。南部利益擁護のイデオローグ、ジョン・C・カルフーンは別に、領土はすべての市民の共有物であり、そこへの奴隷の持ち込みを禁じるのは憲法違反となるとも論じていた。③は奴隷制に対する連邦、州の不干渉をいう住民主権論(popular sovereignty)の立場であり、五〇年代のスティーヴン・ダグラスに代表される見解である。④には特段の理屈はなかったが、過去の経験に照らして、二制度の併存、その住み分けを認めるのが紛争回避の道となるとの実際的な知恵に基づく議論であった。

四八年大統領選挙は民主党のルイス・カス(ミシガン州出身。ちなみに、ポークはもともと一期限りを公言していたが、さらに健康不良もあって、立候補しなかった)、ホイッグ党のザッカリー・テイラー、自由土地党のマーティン・ヴァン・ビューレン(元大統領ヴァン・ビューレンは民主党候補としてカスに敗れたのち、自由土地党に担がれ、立候補する)の三者の間で争われる。カスが③、ヴァン・ビューレンが①の立場をとったのに対し、テイラーは最後までその立場を明確にしなかった。テイラーはルイジアナ出身の大奴隷主、職業軍人、メキシコ戦争の英雄であり、そもそもホイッグ党が大統領候補に選ぶべき人物としては疑問があったが、ホイッグ党は建前よりも選挙の勝利を優先させていた。ホイッグ党員リンカンも熱心にテイラーのための選挙活動に従事する。

選挙は、ヴァン・ビューレンが反奴隷制の立場をとる北部民主党員の票をカスから奪う一方(ヴァン・ビューレンは大統領選挙人をひとりも獲得できなかったが、一般投票の一〇パーセントを得票していた）、何の公約も掲げなかったテイラーについてはそのキャリアが南部民主党員の票を集めるのに有効に作用し、結局、テイラーの勝利に帰する。

奴隷制問題に関するテイラー政権の無為と議会の混乱

選挙に勝利した大統領テイラーに、錯綜する奴隷制問題の解決の秘策はなかった。テイラーは単純に、新領土をカリフォーニアとユタとに二分し、これらを準州段階を省略して直ちに自由州として連邦に加入させることを考える。速やかに州成りを実現させ、面倒な領土における奴隷制の問題を回避するのがねらいであったが、それが簡単に受け入れられるような状況はなかった。四九年末に開かれた新大統領にとっての最初の議会（第三一回議会）では、自由土地党が登場したために、与党ホイッグ党、民主党の両党がともに上下両院で過半数に達せず、しかも党内的には南北で割れており、奴隷制問題について多数意見を形成するのは容易なことではなかった。自由州と奴隷州の数は一五対一五で、上院での合意形成はとりわけ困難であった。

こうした中で、五〇年一月、病気療養を押して復帰してきたホイッグ党の長老クレイが問題解決のための八項目決議案（その最重要点は、カリフォーニアを自由州として連邦に加入させる、残余の領土への奴隷制の進出については法は関知しないとする点にあった）を上院に提出する。以後、両院の議論はこのクレイ決議案に沿って進められるが、議論はその後も混乱し、先が見えない。

上院では三月、死に瀕したカルフーンが議場にまで出向き、「カリフォーニアが自由州となるなら、南部は連邦から離脱するほかない」との脅迫に近い演説原稿をヴァージニアの上院議員ジェームズ・メイソンに代読させ（カルフーンは同月末に死去）、また、これまで一貫して奴隷制反対の立場を貫いてきた、クレイと並ぶホイッグ党の重鎮ダニエル・ウェブスターがその節を曲げ、「このままでは必ずや南北の戦争になる。いまこそ妥協が必要だ」と訴えかけるなど、いくつかの劇的な展開がみられた。同年四月には両院にそれぞれ委員会が組織され、翌五月、クレイ決議案を基礎にしたオムニバス法案が作成される。しかし、上下両院のいずれにおいても、審議は泥沼状態で進まない。

事態が新局面を迎えるのは、七月、頑なに妥協を拒否してきたテイラーが突然死去し（死因は赤痢の可能性が強かった）、副大統領ミラード・フィルモアがそのあとを継ぎ、上院では体調を崩したクレイに代わって新たにダグラスが妥協作出のリーダーとなったことであった。ダグラスは、オムニバス法案を解体して五つの個別法案とし、各法案ごとに法案通過の条件を探り、議決してゆく方針に切り替える。これが功を奏し、九月に入り、なお北部のホイッグ党員、南部の民主党員の間に少なからぬ反対があったものの、上院が各法案を順次可決、長らくウィルモット条項に固執し続けていた下院もこの時点で妥協に傾き、上院にわずかに遅れて各法案を支持する。結局、五〇年九月半ばになってようやく全体としての妥協が成立した。

一八五〇年の妥協

いわゆる「一八五〇年の妥協」とは、奴隷制に関して自由州、奴隷州の代表が成立させた五本の法律のことをいう。その主たる内容は、次のとおりであった。

①テクサスの主張する西側州境を現在のテクサス州の州境にまで後退させ、その代償として、連邦はテクサスの州債を引き受ける。
②カリフォーニアを自由州として連邦に加入させる。
③カリフォーニア以外の新領土をニューメキシコ、ユタの二準州として組織し、そこでの奴隷制の採否については、当の住民の選択に委ねる。
④首都ワシントンでの奴隷の売買、取引を禁止する。
⑤改正逃亡奴隷法の制定により、逃亡奴隷の奴隷主への返還の確実化を図り、そのために連邦の介入責任を強化する。

右の①〜⑤は具体的にいかなる意味をもっていたか。①は直接にはテクサス州による新領土の蚕食を許さないとするものであるが、その裡には、拡大した奴隷州テクサスが将来分割され、新たに複数の奴隷州の誕生することのあるのを防ぐねらいがあった。②と③とはセットとしてできあがっている。③は実質的に住民主権を導入するものであり、南部に対する②の埋め合わせとしての意味をもっていた。②はカリフォーニアの住民がすでに自由州としての州憲法を準備していたこと、その自然環境、気象条件からしてカリフォーニアに奴隷制が適合的かどうか疑問のあったこと等のため、南部がやむなく受け入れたものである。

④はいかなる立場からも、正面きっては反対しづらいものであった。首都の街頭に奴隷の競り場があり、鎖でつながれた奴隷が市中を頻繁に往来する図は、自由の国アメリカの威信、アメリカ人のプライドを著しく傷つけていた。注目すべきは、禁止対象が奴隷取引に限られ、奴隷制そのものは禁止の中に含まれていないことである（首都の奴隷制はその後、南北戦争のさなかの六二年四月になってようやく廃止されることになる）。⑤は、長らく北部の感情的反発を呼んでいた法律をいっそう強化するものであり、妥協成立の当初から、北部による順守、協力が強く危ぶまれていた。

一八五〇年の妥協の意義

一八五〇年の妥協は、奴隷制をめぐる南北間の対立を沈静化させるのに成功したのだろうか。南北間の信頼関係は取り戻せたのか。北部社会は、改正逃亡奴隷法によって逃亡奴隷の取り戻しに連邦が強く加担し、北部州民がその黙認を強いられることに憤りを禁じえなかった。南部は、カリフォーニアを断念したにもかかわらず、北部がなお不満をもっていることに不信感をつのらせる。つまり、南北双方にとって、妥協は便宜的、対症療法的な暫定的休戦協定以上の意味をもちえなかった。一八五〇年の妥協は、多数事項にわたるその妥協内容にもかかわらず、もともと南北の相互不信の根本原因の除去をめざすようなものではなかったのである。数年後にキャンザスの組織化問題が浮上するとともに、妥協の精神は霧散し、奴隷制をめぐる南北の対立はその深刻度をさらに強めることになる。

一八五〇年の妥協の不安定、動揺

一八五〇年の妥協は、「偉大な調停者 Great Compromiser, Great Pacifier」クレイが道筋をつけ、イリノイ州議会でのリンカンのかつてのライバル、民主党の若きホープ、「小さな巨人 Little Giant」ダグラスがその仕上げをしたものである。それは奴隷制に関連した雑多な事項についての妥協の集積であり、民主党・ホイッグ党のいずれの政党が勝ち、南北、自由州・奴隷州のいずれが得をしたかしなかったかなど、容易に決しがたいものだった。しかし、北部社会では、この妥協を「奴隷権力 Slave Power」（南部の政治社会は奴隷主階層が牛耳っていたという意味で奴隷政 slavocracy と呼びうるが、北部はしばしば、この奴隷政下の指導的奴隷主層を奴隷権力と呼称していた）の理不尽な押しつけと受けとめ、とりわけ改正逃亡奴隷法に対してその反感、嫌悪感を向けた。

奴隷制廃止論者で、オハイオ州シンシナティに住んでいた際には自宅に逃亡奴隷を匿ったこともあるといわれるハリエット・ビーチャー・ストウは、五一年、奴隷制廃止運動の情宣紙に、奴隷制の残酷、悲惨をテーマにした『アンクル・トムの小屋』の連載を開始する。それが翌五二年、単行本として出版されると、その売り上げは初年度だけで三〇万部にも達する。奴隷制への鬱屈した感情が北部社会に広く蔓延していた事実を物語っていた。

自由州の中から、改正逃亡奴隷法の執行を公然と拒否する州も出てきた。たとえば、ヴァモント州は、改正法が制定されるや直ちに、逃亡奴隷であるとして逮捕された黒人の自由を確保するための人身保護法（Habeas Corpus Act of 1850）を制定して、連邦法への抵抗を示す。これに対して、大統領フィルモアが、軍隊を出動させてでも改正逃亡奴隷法を執行する旨を言明する事態が発生する。

民間レヴェルでは、地下鉄道（Underground Railroad）の活動が盛んになる。それは、オハイオ川を渡ってきた逃亡奴隷を奴隷狩りの捜索、追跡から逃れさせ、カナダをも含めて北部各地の安全な場所まで多数ヴォランティアのリレー方式によって送り届けることを目的とした、黒人白人混成の秘密支援活動の呼称であった。しかし、地下鉄道の組織化の程度は必ずしも高くはなく、助けた逃亡奴隷の数も五〇年代を通じて数万人を超えることはなかったとの説が有力である。

ところが、五二年の選挙では、一八五〇年の妥協の順守を党綱領に据えた民主党が、大統領選挙、議員選挙にともに圧勝する。ホイッグ党はこの敗北によって、存続の危機に陥る。惨敗の主たる理由は、党が奴隷制問題について南北の党員を糾合し、リードしうるだけの方針を打ち出せなかったことにあった。民主党内でも、とりわけその南部勢力にとっては、一八五〇年の妥協への不信感は強く、まずは北部による妥協の順守状況を見守り、その次第によって同妥協への対応策を考えようとする姿勢が一般的であった。民主党が党としての結束をかろうじて維持し、争点らしい争点のなかった五二年選挙に勝利したのは、民主党への積極的評価というよりはホイッグ党の自滅によるところが大きかった。

ダグラスによるネブラスカの組織化の試み

南北の関係がいくつかの不安定要因をはらんでいた一八五三年初め、いまや上院領土委員会の委員長であるスティーヴン・ダグラスが、ルイジアナ購入地中のキャンザス地区（当初はこれを広くネブラスカと呼んでいた）の組織化法案を上院に提出する。アイオア、ミズーリ両州の西側に隣接するキャンザス地区を正規の行政単位である準州として連邦に組み入れるというのである。ルイジアナの取得から五〇年が経過し、インディアン・カントリーとして放置されてきた同地への移住者、旅行者がようやく増加し、その安全の確保の必要が増してきたこと、シカゴあるいはセントルイスを起点として太平洋にいたるまでの大陸横断鉄道の建設の必要性が西海岸の獲得によって現実化してきたこと（ダグラスは、政治家、弁護士としてイリノイ中央鉄道 Illinois Central Railroad をバックアップしており、個人的にもその沿線土地に投資をしていた）などが、その理由であった。

しかし、キャンザスの組織化については、南部の民主党員が同意しない。キャンザスはミズーリ妥協線（北緯三六度三〇分）の北側に位置しており、キャンザスを組織化しても、それが南部の望む奴隷準州、奴隷州となる余地はないからであった。綿栽培にとっての適性としてはその自然環境はマージナルであり、南部が絶対に失いえない土地ではなかったが、かりにこれが自由州になったとすると、隣接する奴隷州ミズーリは、北（アイオワ州）、東半分（イリノイ州）に加えて、その西側の州境までが自由州によって囲まれてしまい、奴隷逃亡の多数発生によりミズーリの奴隷制が危うくされる事態が懸念される。政治的には当然ながら、北部の上院勢力の増強に働く。さらにこの時点で、将来の太平洋鉄道（大陸横断鉄道）の路線がキャンザス通過に事実上決まってしまうこともありうる。

南部には、簡単には法案に同意できないいくつかの理由があった。キャンザスの組織化法案は、北部議員の数が南部を圧倒する下院は通過するが、上院では審議未了、結局、廃案となる。

キャンザス・ネブラスカ法案とミズーリの妥協

ダグラスは、五四年一月、キャンザスの組織化に再度挑戦する。法案は前年のそれと比べてふたつの点で特徴的であった。ひとつは、組織化の対象範囲をキャンザス以北のルイジアナ領全域に拡げ、そこにキャンザス、ネブラスカのふたつの準州をつくり出すとしたことであり、いまひとつは、これら二準州に奴隷制を認めるかどうかについては住民主権の導入による、そのために既存の南北住み分けルールとしてのミズーリ妥協線は撤廃する、としたことであった。第一の修正点に、特に重大な意味はない。かりにキャンザスが奴隷準州・州となったとしても、その北側のネブラスカまでがそうなる可能性は小さいことを見越して加えられた、印象操作的な細工であり、ダグラスの立場からする北部向けの宥和努力、ショック緩和策のようであった。

重大なのは、第二の修正点である。キャンザス組織化の支持を上院の南部議員から取り付けるには、少なくともキャンザスが奴隷州となりうる可能性を残しておかなければならない。住民主権はまさにそのための仕掛けであったが、それはミズーリ妥協線の北側に奴隷州の誕生することもありうるとする点でミズーリの妥協に矛盾し、その撤廃なしには導入しえない。かくしてダグラスの修正法案はミズーリの妥協を撤廃するという荒業に踏み切る。法案は、ミズーリ妥協線が端的に「無効である」と明言する（一四条、三二条）。

そのためにダグラスが付した理由説明とは、「住民主権方式はすでに一八五〇年の妥協によってユタ、ニューメキシコ両準州を組織する際に採用されており、この時点でミズーリの妥協は実質的に廃棄されている。本法における住民主権の採用は、政策の変更ではなく、すでに変更された政策の確認にすぎない」というものであった。

はたしてこの説明は正しいか。もちろんそこには重大なごまかしがあった。ミズーリの妥協はルイジアナ購入地に関する定めであって、メキシコ割譲地について住民主権が導入されたからといって、それ以前に定められていたルイジアナに関するミズーリ妥協線の有効性が影響を受けるわけはない。一八五〇年の妥協成立の過程でミズーリ妥協線の延長が議論されたことはあっても、その廃止が議論されることなど決してなかった。ダグラスの修正法案は、ミズーリ妥協線の撤廃という一大変更を含んでいたが、その理由説明には大きな虚偽が含まれていた。北部の大方にとって、法案は簡単に受け入れられるものではなかった。

法案が公になると、オハイオ州上院議員サーモン・チェイス、マサチューセッツ州上院議員チャールズ・サムナーらの反奴隷制派中のラディカル・グループはすぐさま反対声明を出す。法案はミズーリの妥協という「神聖な誓約への違反」、自由への「犯罪的な裏切り」であり、キャンザスを「奴隷主と奴隷の住む暗い暴政の地に変えてしまう陰謀」だなどと激しく非難し、その後に続く議会の内外での活発な論争に先鞭をつける。もともと鉄道関連的に構想されていた法案であったが、いまや完全に奴隷制擁護法案として喧伝され、一八五〇年の妥協以前に見られた南北社会の対立状況がいっそう拡大的に再現される。

キャンザス・ネブラスカ法の成立

論争の焦点はもとより、ミズーリ妥協線の撤廃の是非にあった。北部の大方にとっては、ミズーリ妥協線の撤廃は自由州と奴隷州との住み分けのルール、秩序の破壊行為であり、ダグラスは南部に魂を売る者にほかならなかった。南部にとっては、奴隷制に対する何ほどかの道徳的非難をその内に含んだミズーリ妥協線を廃止し、奴隷制の拡大可能性に道を開くことは、それにともなって生じる社会の混乱、分断の深刻化を意に介しさえしなければ、歓迎すべきことであった。

キャンザス・ネブラスカ法案は、民主党が上下両院の圧倒的多数を占めていたこと、民主党大統領フランクリン・ピアスが民主党議員に対してその支持を積極的に督励したことなどにより、三月に上院を通過、五月末には難関の下院も通過し、ピアスの署名とともについに法成立にいたる。キャンザス、ネブラスカの二準州が組織され、そこでの奴隷制導入の是非が住民の選択に委ねられることとなる。

議院での投票結果は、上下両院いずれにおいても党派的である以上に地域的であった。北部の民主党議員に関しては、法案賛成がやや多数であったが、北部ホイッグ党議員はそのすべてが法案に反対しており、他方、南部では民主党議員のほぼ全員が賛成し、ホイッグ党議員の大多数も法案に賛成していた。つまり、北部民主党議員の半数近くが党に造反し、法案反対にまわったが、残りの北部民主党議員と南部の両党議員の支持によって法が成立していた。ホイッグ党では党の拘束が働いた気配はほとんどなかった。

キャンザス・ネブラスカ法の波紋

五四年五月、キャンザス・ネブラスカ法が成立した。過去三〇年間、ルイジアナ購入地における南北の住み分けルールとして、対立抗争の防止に有効に機能していたミズーリ妥協線が撤廃される。撤廃は、奴隷制への歯止の除去、つまり、向後はミズーリ妥協線以北の地にまで奴隷制が進出してゆく可能性のあることを意味していた。

北部の人びとはこれを、奴隷権力のコンスピラシーによる北部侵略であると受け止めた。同年秋の中間選挙では、民主党が北部で大きく後退し、五六年大統領選挙の最有力候補と目されていたダグラスの勢威に強いブレーキがかかる。逆に、リンカンのように、キャンザス・ネブラスカ法への批判を足がかりに、一躍脚光を浴びる政治家も出現する。キャンザス・ネブラスカ法がかき立てた波紋は政治的、社会的にきわめて大きなものがあった。

キャンザス・ネブラスカ法の核心をなすのは住民主権論である。それは、ルイジアナ購入地の開発を促進するため、奴隷制問題に関しては住民の自由な選択に任せるのが賢明得策であると考える。

それは多数決原理を基礎にした民主政のもとではきわめて当然のことのようである。奴隷制について何の価値判断もしていない点では疑問が残るとはいえ、奴隷制を許容する憲法下での政策選択であることを前提にしていえば、住民主権論はその見てくれ、言葉としての響きの良さだけでなく、実質的にもそれなりの説得性のある議論であるといえよう。しかし、見落としてはならないことがある。領土における奴隷制導入の可否いかんに関して主張される住民主権論は、それがいう「住民の自由な選択」を保障するための環境整備、条件、具体的な選択手続、ルール違反のチェック・監視機構等々について何もいっていないのである。裸の住民主権は単なる無法状態の招来、実力のみに依拠する決定ともなりかねない。

実際、キャンザス・ネブラスカ法のいう住民主権の実践として起きたのは、まさしく懸念されたその負の側面であった。キャンザス準州にふたつの政府が生まれ、流血のキャンザスと呼ばれる暴虐行為が犯され、少なからぬキャンザス住民の命が不当に失われる。

引き続き、キャンザスの悲劇を概観し、さらに、キャンザス・ネブラスカ法が直接間接に及ぼした政治的・社会的影響として、政党の変化、政党地図の塗りかえについて見ることにしよう。

キャンザスに生まれたふたつの準州政府

キャンザス・ネブラスカ法による住民主権の導入が明らかになると、北部では、法律が成立する前から早くもキャンザスへの移住者を募る組織的な動きが出現する。そのひとつの例が、ニューイングランド移住者支援会社（New England Emigrant Aid Company）であった。その目的は奴隷制反対派、自由土地派の有志を集め、住民としてキャンザスに送り込み、キャンザスを自由州にすることにあった。

こうした動きに対して、隣接のミズーリ州その他の南部州も敏感に反応し、キャンザスを奴隷州にするための移住をはじめる。ミズーリ州の上院議員デイヴィッド・アチソンは、同州の奴隷制を維持するにはキャンザスを奴隷州にする必要があるとして、州民のキャンザス移住を督励するとともに、ことあるごとに州境付近のミズーリ住民を糾合してキャンザスに入り、騒動を起こす。奴隷制反対派、自由州派の移住者を脅し、その生活、住民選挙などの妨害を試みる。法を無視し、暴力を厭わないその行動により、彼らは「ミズーリ州境のならず者 Border Ruffian」の悪名を歴史に残すことになる。

キャンザスに生まれた準州政府

五四年一〇月に連邦政府任命の知事が着任し、人口調査を終えた後の五五年三月、キャンザス準州議会議員選挙が実施される。調査の当時、投票権者総数は三千名弱であったが、実際の投票総数は六千を超え、その圧倒的多数が奴隷州派を支持していた。その結果、三九名中三七名の議員を奴隷州派が占めることになる。

投票資格は住民であれば足り、住民調査の時点では南部出身者が多数を占めていたため、奴隷州派は不正を犯さなくとも勝利した可能性が強かったにもかかわらず、ミズーリ住民は露骨な不正工作を行った。特に顕著な不正のあった一部地区については知事が再選挙を命じるが、大勢に変わりはなく、奴隷州派の支配するキャンザス準州議会（リコンプトンを本拠としたため、リコンプトン政府と呼ばれる）がスタートする。準州議会は、いんちき議会（bogus legislature）との非難を受けながら、五五年七月、知事の拒否権をくつがえして、逃亡奴隷の手助けは死刑、奴隷制に関する疑問の提示は重罪とするなど、極端な奴隷制擁護法を成立させる。再選挙で選ばれた自由州派の若干名の議員もすべて議会から排除される。

自由州派はこの準州議会に対抗して、五五年九月、トピカを拠点に独自の準州政府を組織する。同一〇月には、リコンプトン準州政府に先んじて、キャンザスの自由州としての連邦加入を目指す。憲法制定会議を開催し、憲法成案を得ると、同一二月、その批准投票を終え、トピカ憲法による連邦加入を申請する。このトピカ政府形成までの一連の過程において、リコンプトン政府、その支持者が関わるところはまったくなかった。リコンプトン政府の組織化には著しい手続的不正があったが、とるべき手続がひとまず外形的には践まれていたのに対して、トピカ政府にはそもそも住民全体の関与がなく、それはリコンプトン政府以上に準州の公式の政府としては認めがたいものであった。

流血のキャンザス（Bleeding Kansas）

ふたつの準州政府の出現という異常事態を前に、五六年一月、南部利益の擁護に傾くピアス大統領がトピカ政府を非難する。同四月、下院は調査委員会をキャンザスに派遣したのち、同七月、トピカ政府によるキャンザスの州昇格法案を可決するが、もとより上院はこれを否決した。その前後には反逆罪を理由とするトピカ政府知事の逮捕・起訴、連邦軍の出動によるトピカ議会の散会の強行等々があり、キャンザスは大混乱する。そしてこの間の五月、社会を震撼させた流血のキャンザスを象徴する三つの暴虐事件が発生する。

第一は、ローレンスの略奪事件である。保安官に率いられた奴隷州派の暴漢数百人が自由州派の拠点ローレンスに侵入し、町の要塞の役割を果たしていたホテルを焼き、ふたつの新聞社を破壊し、知事の住居を含む民家、商店を略奪したというものであった。

第二は、ポタワトミーの虐殺事件である。後の五九年、ヴァージニア州ハーパーズ・フェリーの連邦武器庫襲撃のかどで死刑に処せられることになるジョン・ブラウンの率いる狂信的な奴隷制廃止運動の一団がポタワトミーの奴隷制支持派の民家を襲い、五名を斧で惨殺した。その理由とは数日前に起きたローレンスの略奪への報復であったが、幼児を含む被害者家族はローレンスの略奪事件とは何の関係もない人たちであった。

第三の事件は、これらふたつの事件の間に連邦議会の議場で生じていた。サムナーが上院でキャンザスの奴隷州派を痛烈に批判する演説をした翌日、演説がサウスキャロライナ上院議員アンドリュー・バトラーを揶揄し侮辱したとして、従兄弟の下院議員プレストン・ブルックスが議場に残っていたサムナーを杖で襲い、重傷を負わせたのである。サムナーは心身に傷を負い、その後三年以上の間、闘病を余儀なくされることになる。

ブキャナン政権とキャンザス問題

これらの事件はルールなき住民主権がもたらす悲惨を社会に強く印象づけた。自由州派を支持する共和党は、結党してほどなかったが、流血のキャンザスに恐怖、驚愕する世論を巧みに誘導し、同年秋の選挙をその党勢拡大につなげた。大統領選挙では、ジョン・C・フリーモントが敗れはしたが、民主党のジェームズ・ブキャナンに善戦し、議会選挙では共和党が勝利した。

五七年に入ると、ブキャナンは三月の大統領就任以前から早くも、リコンプトン政府支持の姿勢を明らかにする。リコンプトン政府は連邦に加入するために、遅れていた憲法制定手続を開始する。憲法制定会議の開催決定（二月）、代議員選挙（六月）、憲法制定会議開催、憲法成案の確定（九～一一月）と手続を進め、同年一二月二一日、批准投票を実施する。支持票六二二六、不支持票五六九の結果を得て、ここにリコンプトン憲法が成立する。

しかし、リコンプトン政府はここでもまた重大な手続違反を犯す。代議員選挙に自由州派の参加がなく、憲法成案は奴隷州派代議員だけで作られていた、批准投票の対象が憲法の全体ではなく、憲法中の奴隷制関連条項についてだけであり、しかも問われたのが奴隷制の将来的拡大の是非であって、その現状を否定するチャンスはまったく与えられなかった等である。

この時期にはすでに北部からの移住者が大幅に増加しており、キャンザスの人口は二万四千人に達し、ほぼ自由州派一万七千人、奴隷州派七千人に分かれていた。自由州派は、同一〇月に実施された準州議会議員選挙（参加は両派に開かれていた）で勝利しており、この選挙に基づく準州議会がリコンプトン憲法の批准投票を五八年一月四日に実施する旨を決議する。その決議がなされたのは、奴隷州派が批准投票時期を決め、それを実施する以前のことであった。自由州派は、奴隷州派がすでに終えていた批准投票にはかまわず、みずからの批准投票を予定どおりに実施し、一万票を超える圧倒的多数でリコンプトン憲法を拒否した。

このころまでにはキャンザスの暴力的雰囲気はひとまず鎮静化し、自由州派が住民の多数を占めることが明白となっていた。しかし、ブキャナンは奴隷州キャンザスの実現になお固執する。五八年二月、リコンプトン憲法によるキャンザスの組織化法案の審議がはじまるが、難関の下院を通過することはなかった。ブキャナン政権は行き詰まり、就任一年にして早くも死に体の様相を見せる。住民主権の名のもとに流血のキャンザスを生み出した張本人ともいうべきダグラスは、「リコンプトン憲法は住民主権を正しく実践したものではない」との主張をはじめ、ブキャナン、南部中心の民主党主流派とは前年末にすでに決定的に袂を分かっていた。他方、自由州派のトピカ政府運動も五七年後半には息切れし、自然消滅寸前の状態であった。キャンザスの行方はなお当分の間、見通せない。

自由州キャンザスの誕生

いまや決定的多数派となった自由州派は、五八年五月、新たにリーヴェンワース憲法を策定し、連邦加入を試みるが、再び上院に阻まれる。結局、自由州派がその後に作る三つ目の憲法、ワイアンドドット憲法（五九年七月成立、同一〇月批准）に基づいて、六一年一月、ようやく自由州キャンザスが誕生する。それを可能にしたのは、リンカンの大統領当選をきっかけに、サウスキャロライナその他の奴隷州が連邦から離脱し、引き続いて離脱州の議員の大多数が上下の議院を去ったためであった。キャンザス問題によってその政治生命を失ったブキャナンは、涙をのんで自由州キャンザスの組織化法案に大統領として署名する。

キャンザスにおける住民主権の実際は、文字どおり悲惨であった。七年に及ぶ自由州派と奴隷州派との抗争により、六〇名余の市民の命が失われる。ルール不在の住民主権、その適正運用の監視・確保体制を欠いた住民主権の脆さ、危うさが最悪の形で露呈した。

しかし、その不幸の責任は、自営農地、自由の地を求めてキャンザスにやって来た多くの善良な農民、市民よりは、その背後にあって、南北対決の代理、先兵として彼らを争闘に駆り立てた政治社会にあったというべきようである。とりわけ大統領ピアス、ブキャナンが奴隷権力に加担した責任は重い。当時、北部は、北部出身でありながら、奴隷権力に奉仕、協力する政治家を「パン生地人間 dough face」と揶揄していたが、両大統領はその典型であった（ちなみに、フランクリン・ピアスはニューハンプシャー州、ジェームズ・ブキャナンはペンシルヴェニア州出身であった）。

住民主権の唱道者ダグラスの命運はどうなったか。ダグラスはキャンザスに住民主権はないとして、いち早くブキャナン政権と訣別した。そのためダグラスは、南部中心の民主党主流派の支持を決定的に失ったが、まさにそのゆえに、北部民主党のリーダーとして、さらには一時期は、共和党支持者の一角にまでその支持の輪を拡げることに成功し、個性的にしたたかな政治家として生き続ける。五八年のイリノイ州上院議員選挙では、リンカン・ダグラス論争を戦い抜き、民主党主流の妨害工作などにもかかわらず、辛勝ではあったが、リンカンに勝利する。しかし、その間にも北部世論は反奴隷制の方向に傾いてゆく。六〇年の大統領選挙では、もはやリンカンの敵とはなりえない。リンカンによれば、奴隷制に対して道徳的な評価、非難をいっさい加えず、問題を住民に丸投げしたところにこそダグラスの住民主権論の最大の問題点があった。

合衆国憲法と政党

アメリカの政党は五〇年代に入り大きく変貌する。変貌を導いた最大の要因は奴隷制であったが、いまひとつに移民の激増がこれに関わっていた。四五年から五四年までの一〇年間に、アイルランド、ドイツから三〇〇万人に及ぶカソリック系移民がアメリカに移住している。多くの州は、長くとも五年間の在住をもとに彼ら移民に投票権を認めていた。ホイッグ党は奴隷制について明確な政策を打ち出せず、移民を党内に取り込むこともできず、五〇年代半ばにほぼ消滅する。ホイッグ党の消滅により、三〇年代に始まった第二次政党制は終わりを告げるが、その間に民主党もまた重大な変化を被っていた。奴隷制に関する党内意見はつねに南北で割れ、明確な形での党分裂こそ免れていたが、一枚岩の政党として機能しうる状況ではなくなっていた。既存の全国政党の変化を尻目に、反奴隷制を党綱領として掲げる北部政党、共和党が誕生し、またたく間に民主党に肉薄する。

五〇年代のアメリカを理解するためには、こうした政党の消長の概略をおさえておくことが必要となるが、てはじめにアメリカ政治における政党について若干系統的に見ておこう。

合衆国憲法は政党について沈黙している。憲法制定当時は、政党は一部の徒党、グループの利益を不当に推進するおそれのある部分集団であって、共和主義政治には有害で排除されるべきものと、一般に考えられていた。しかし、政党の必要性は、事実が何よりも雄弁に物語っていた。ワシントン政権の発足後数年のうちに、それぞれアレグザンダー・ハミルトン、ジェファソンを領袖とするフェデラリスト党、ジェファソン派共和党（Jeffersonian Republican, Democratic-Republican）が生まれ、連邦主権と州主権、産業の育成と農本主義、保護主義と自由貿易等々、重要政治課題につきそれぞれ競争的な政策を掲げて、組織的な選挙活動を展開しはじめる。いわゆる第一次政党制時代の出現であった。

しかし、イギリスとの間の一八一二年戦争が終結し、ジェームズ・モンロー政権下にいわゆる「好感情の時代 Era of Good Feeling」が到来するころにはフェデラリスト党が事実上の消滅を迎える。フェデラリスト党は、一八〇〇年の大統領選挙でジョン・アダムズがジェファソンに敗れたころからすでに衰退をはじめていたが、一二年戦争について戦争反対の立場をとることによってその傾向は決定的となった。これによって、競争政党を失ったジェファソン派共和党もまた政党としての存在意義を失うこととなり、二五年、ジョン・クインジー・アダムズ政権の発足時には、第一次政党制はその終焉を迎えていた。

第二次政党制の時代

しかし、政党はアンドリュー・ジャクソン政権のもとですぐさま復活することになる。まず二〇年代の末年にジャクソン派民主党（Jacksonian Demcrat）がマーティン・ヴァン・ビューレンの手で組織される。三四年には、ヘンリー・クレイを核にして反ジャクソン勢力の集まるホイッグ党（Whig Party）が出現し、ここに第二次政党制時代がスタートする。ジャクソン派民主党は、旧ジェファソン派共和党と直接の組織的なつながりはなかったが、実際には人的にも政策面においても、両党の間には共通点が少なくなかった。

ほぼ同様のことが、ホイッグ党とフェデラリスト党との関係についてもあてはまった。ホイッグ党の名称はイギリス由来であるが、イギリスのホイッグ党と思想的に特に関係するところがあるわけではなかった。当時、もともと庶民派ではあったが、軍人で強引、強権的な大統領ジャクソンを「国王アンドリュー一世 King Andrew the First」と揶揄する風刺画が広く流布しており、このジャクソンに対抗する政党としての意味合いを込めてホイッグの名称が選ばれたといわれている。

第二次政党制は、ほぼ正確に二大政党の時代であった。民主党とホイッグ党とは、選挙権の白人男性一般への拡大、投票率の大幅上昇等の選挙の大衆化、社会の民主化という時代状況を背景に、南北両地域にわたり全国的に支持者を分け合い、連邦、州、それ以下の草の根レヴェルで活発に競争的な政治活動を展開する。党の政策、綱領等に絶対的、根本的なな違いはそれほどなく、有権者は厳密な政策選択よりはむしろ党への帰属、忠誠を基準に投票行動をとる。

とはいえ、傾向的には、民主党が主として一般庶民（common man）たる農民の利益の擁護、個人の自由の尊重、連邦権限の制限、領土の拡大、奴隷制を支持したのに対して、ホイッグ党は富裕層・商工業・専門職の利益の推進、連邦権限の拡大を支持し、領土の拡大、奴隷制については否定的であった。両党は三六年から五二年までの間、正確に四年ごとに交互に大統領を送り出していた。

ホイッグ党の衰退

第二次政党制の存続を揺るがす最初の契機は、五二年選挙でのホイッグ党の敗北であった。ホイッグ党は大統領選挙で民主党に大敗し（ホイッグ党は職業的軍人ザッカリー・テイラーを候補者に立てて勝利した四八年大統領選挙の再現をねらって、メキシコ戦争のいまひとりの英雄ウィンフィールド・スコットを候補者に選んだが、民主党のフランクリン・ピアスに敗れる）、連邦議会議員選挙でも上下両院ですでに劣勢だった議席数をさらに減らし、その数は民主党の約半数に（下院では半数以下に）なっていた。敗北の基本的な理由は、一八五〇年の妥協に反対していた北部の支持層をつなぎ止めるだけの反奴隷制政策を示しえず、彼らを不投票、棄権に追いやったためであった。

そしてこの劣勢を決定的にしたのが、五四年のキャンザス・ネブラスカ法であった。同法は奴隷制の住み分けルールであるミズーリ妥協線を撤廃し、住民主権を導入したが、ホイッグ党は同法に反対する有効な政治勢力として働きえず、北部での存続の基盤を失う。南部においても、奴隷制に対するホイッグ党のスタンスはあいまい、中途半端で、支持をつなぎ止めるに足る政党ではなくなっていた。第二次政党制を支える政党の一半がここに崩壊する。ホイッグ党の結党以来、忠実な党員であったリンカンは、キャンザス・ネブラスカ法に絶対反対であったが、同法が成立し、多くの党員が党を離れていった後もなおホイッグ党員であることを続け、新たに結成された共和党への参加を決意するのは五六年に入ってからのことであった。

民主党の変容と北部における共和党の躍進

奴隷制問題は、民主党に対しても大きな変化を迫っていた。民主党は五二年選挙で大勝したが、五四年選挙では主として北部を中心に下院議員数を半減させ、過半数を割り込む。その原因はここでも、キャンザス・ネブラスカ法であった。もともと北部には奴隷制の拡大に反対する民主党支持者が少なくなかった。彼らの多くは、ダグラスが南部の歓心を買うためにミズーリ妥協線の撤廃に踏み切ったことに幻滅し、党から離反してゆく。これによって、民主党はさらに明瞭に南部に軸足を置く政党へと変質する。

第二次政党制のもと、民主、ホイッグの両党はそれぞれ、南北両地域にまたがって組織基盤、支持層をもち、ときには北部と南部とで選挙民に対して微妙に異なる政策内容を喧伝するなどの禁じ手をも駆使して、南北両地域間での対立利害を巧みに調整し、結果として連邦の結合を維持する役割を果たしていた。しかし、ホイッグ党がほぼ完全に消滅し、民主党が南部利益を代表する地域的政党の色を濃くするにいたったいま、南北対立を緩和し、連邦の分裂を阻止する政治的メカニズムは大きく損なわれる。

既存の二大政党の変容とともに、新たに登場したのが、ノウナッシング党（Know Nothing. 正式党名はアメリカ党 American Party）と共和党であった。ノウナッシング党は、四〇年代に急増したアイルランド、ドイツ系移民の宗教（カソリック）、文化への大衆の反感を下敷きにした保守的、排外主義的政党であった。ノウナッシングの名称は、秘密結社だったその過去の反映であった。党員がその組織について問われたときには、"I know nothing."と答えるように指示されていたことにその党名は由来するという。

ノウナッシング党は、五三年から五六年までのわずか数年間ではあったが、ニューイングランドを中心にして全国的に、とりわけ州以下の地方選挙で一挙に躍進する。五六年大統領選挙では、元ホイッグ党大統領ミラード・フィルモアがアメリカ党の候補として出馬し、健闘する。しかし、既成政党が混乱状態にある中、保守的大衆の一過的な不満のうえにたって流行りのように出現したノウナッシング党は、その崩壊もまた劇的であった。それは五六年選挙後、あっけなく姿を消す。

いまひとつの政党、共和党は、五三年、中西部のウィスコンシン、ミシガンに生まれた小さな反奴隷制政党からスタートする。これに北部のホイッグ党、民主党の離脱者、自由土地党支持者、さらにはノウナッシングを離れた人びとが合流して、五四年に共和党が発足する。共和党の名称の選択は、ニューヨーク・トリビューンの編集者ホラス・グリーリーの意見によったといわれる。

共和党は奴隷制の拡大阻止を党綱領とする、支持基盤が事実上北部限定の地域政党であった。が、発足以来、その伸長はめざましく、五四年の下院議員選挙ではノウナッシングに後れをとったものの、五六年選挙では、ノウナッシングのみならず民主党をも上回る数の当選議員を出し、下院では早くも第一党になる。同年の大統領選挙での共和党候補者ジョン・C・フリーモントは、敗れはしたが、勝利した民主党のジェームズ・ブキャナンに善戦する。それは、四年後の大統領選挙では共和党候補が勝利することのありうるのを予感させるに十分であった。しかしそれは同時に、大統領選挙が南北両地域にまたがる全国政党間の競争から、それぞれ地域限定的な政党間の地域間競争へと変質してゆく過程を示しているようでもあった。

ドレッド・スコット事件連邦最高裁判所判決（一八五七年）

五〇年代のアメリカは、経済的な繁栄とはうらはらに、政治的には混迷のただ中にあった。混迷を生んだ元凶は、もとより奴隷制である。奴隷制は、北部にとっては政治理念、倫理等の問題にとどまっていたが、南部にとっては端的に生活、経済、生存の確保の問題であった。南部にとっての奴隷制の重要性を理解する共和党の主流は、「既存の奴隷制には反対しない。しかし、奴隷制の領土への進出、拡大には断固反対する」旨を繰り返し言明する。とはいえ、奴隷制の領土への進出反対の主張の中には奴隷制そのものへの道徳的・倫理的非難がすでに何ほどかは含まれていると体感する南部は、北部の言葉を額面どおりに受けとめることができない。奴隷制に向けられた現在の脅威が早晩より強い形で現実化するであろうことを鋭く感じ取っていたのである。

こうした社会状況の中、五七年三月、ドレッド・スコット事件連邦最高裁判所判決（Dred Scott

v. Sanford, 1857）が出現する。判決は、政治が解決しえない混乱をみずからの手で一挙かつ抜本的に解決しようとする連邦最高裁の野心の作であった。キャンザス問題を眼前に抱えた大統領就任直前のブキャナンは、判決が出される前から判決の果たすであろう役割に大いに期待していた。事前に判決内容の概略を知っていた可能性も否定できない。ブキャナン就任の二日後に出された判決は、大方の予想をはるかに超えて南部寄り、奴隷制擁護的であった。判決は北部の反奴隷制感情、奴隷制嫌悪をさらに増幅させ、混乱した事態をいっそう混乱させる。「判決は、最高裁と民主党政権とが奴隷制を守るために意を通じ、結託した結果である」「奴隷権力がついに最高裁まで支配し、動かした」等の評言が北部社会に広く行き渡る。リンカンは、五八年のリンカン・ダグラス論争において、ピアスからダグラス、ブキャナン、トーニー（最高裁長官）にいたる間の奴隷権力によるコンスピラシー論を展開する。

ドレッド・スコット事件の扱う法的問題、裁判の帰趨

事件の概略を見よう。奴隷州ミズーリに住む医師が、一八三三年から四〇年までの間、軍医として自由州イリノイ、後にミネソタ州となるルイジアナ購入地最北部（当時は、ウィスコンシン領土に所属）にあった各駐屯地に赴任する。スコットは軍医所有の奴隷として軍医に同行し、軍医と一緒に過ごした。軍医が赴任を終えてミズーリ州に戻ってきたのちの四六年、スコットは「自分は自由

州、自由領土で数年を過ごしたことにより、自由身分を取得した」と主張して、本件訴訟に及ぶ。いくつかの訴訟手続上の曲折を経たのち、スコットはミズーリ州裁判所の初審で自由の身と認められるが、五二年、ミズーリ州最高裁判所で逆転敗訴する。

通常なら事件はここで終結するはずであった。が、奴隷制が政治の大問題だった時代のゆえに、事件は連邦裁判所に場を移してさらに争われる。それを可能にしたのは、奴隷主である軍医が死亡し、スコットが軍医の妻に相続され、その所有権がさらにニューヨークに住む妻の兄弟に移ったという偶然的な事情であった。憲法上、異なる州に住む市民間の争いは、州裁判所管轄の事件であっても、連邦裁判所が裁判権を有することとされている（第三章二条一項）。事件は、連邦地方裁判所を経て、連邦最高裁判所にまでいたる。連邦最高裁は、五七年三月、「スコットは公民ではなく、連邦裁判所の訴訟当事者にはなりえない」「スコットは、ミズーリ州最高裁判所のいうとおり、なお奴隷である」としたのであった。

事件が含む法的問題に、特にむずかしいものはなかった。①奴隷であったスコットに訴訟資格はあるか、②かりにあるとして、自由州、自由領土（ミズーリ妥協線による）に数年間居住した事実によって、スコットは自由の身、自由黒人となったか、③かりにスコットが自由民になったとして、その後に奴隷州ミズーリに戻ったことにより、その奴隷身分が復活するか、がそこに含まれる主要な法的問題であり、そのそれぞれにつき、すでに先例の集積もあった。かりに裁判所が①について否定の見解をとるならば、裁判所はその段階で訴訟を却下すればよく、②③についての審理は裁判の常套的手法によれば不要となる。かりに②③について裁判所が判断を下したとしても、当該判断部分は、結論にいたるための不可欠の判断ではないという意味で先例としての価値性の低い、いわゆる傍論となる。

ドレッド・スコット事件判決の奴隷制擁護、黒人蔑視

最高裁判決はスコットには訴訟資格がないとするのであるから、なぜ彼に訴訟資格が認められないのかについて過不足のない理由が付されれば、裁判はそれで十分に尽くされたことになる。ところが、連邦最高裁長官ロジャー・B・トーニイの法廷意見は公式判例集で五五頁に達する大部のものになっており、説示は事件処理に必要な範囲をはるかに超えて、奴隷制の擁護のために多岐にわたる論点を扱っていた。判決理由と傍論とが複雑に絡み合った本判決を正しく受け止めるのは簡単ではないが、判決を読んだ者が誰であれすぐさま感知しうるのは、判決に一貫して流れる、奴隷、自由黒人に対する強烈な反感、蔑視姿勢である。

判決によれば、スコットに訴訟資格が認められないのは、「スコットが連邦の公民ではない」からである。そしてこのことは、スコットが奴隷であっても自由黒人であっても変わらない、特定の州が黒人を現に公民として扱っている場合でも変わらない、という。ではその根拠は何かと問えば、

それは黒人の劣等性であり、連邦憲法がこの劣等性の認識を前提にして奴隷制条項を設けたためであった。

憲法が奴隷制を認めている以上は、奴隷が一定の場合に「公民 citizen」と扱われないことのあるのは理解できるとしても、それが奴隷身分を離れた自由黒人にもあてはまる、個別の州が自由黒人を公民として扱っている場合にも連邦はなお自由黒人の公民性を否定するとしている点で、連邦最高裁の論理には大きな無理がある。自由黒人の扱いを強引に奴隷に近づけ、黒人奴隷制の裂け目に封をする、これにより極力ほころびのない完結的な制度として奴隷制をなお維持しようとする。

連邦最高裁の思考は、最も単純露骨な仕方で奴隷制を白人による黒人支配の道具としようとするものと評しうる。そしてその思考の痕跡は、「領土における奴隷制の禁止は不当な所有権の侵害であり（憲法修正五条の適正手続保障に違反し）、連邦にも州にもその権限はない」「ミズーリの妥協、北西部条例は憲法違反であって無効である」等の傍論的説示部分にも十分に認められる。

ドレッド・スコット事件判決を書いた裁判官たち

判決は、当時の法律家の平均的な解釈見解からしても特異であったが、トーニイの法廷意見に積極的に反対意見を述べたのは残り八名の最高裁判事のうちの二名にとどまっていた。なぜそのようなことになるのか。その大きな理由は、トーニイらの政治的立場にあったと解される。トーニイ・

コート（Taney Court）は、九名中七名が民主党政権によって任命された民主党支持者である。うち五名が南部出身者であり、そのすべてが現在奴隷を所有しまたは過去に所有していた。北部出身者のうち二名はいわゆるドウ・フェイスである。

トーニイ自身はメアリランド州出身で、ジャクソン政権下で法務長官を務めたのち、三六年に連邦最高裁長官に就任し、本判決直後に満八〇歳を迎えており、後に大統領リンカンの就任式を主催したときには、八四歳を目前に控えていた。その民主党支持の立場は堅固で、一貫していた。反対意見を書いたひとり、ジョン・マクリーンは、オハイオ州出身で下院議員、モンロー政権下で郵便長官を務めた後、ジャクソンにより最高裁判事に任命されたが、共和党の出現とともに同党に鞍替えし、五六年の大統領選挙では共和党からの出馬を画策をするなど、多数派とは逆の立場から政治的にアクティブな人物であった。

ドレッド・スコット事件判決が果たした政治的な役割

こうした政治的相貌の連邦最高裁が、アメリカ社会のアキレス腱ともいうべき奴隷制問題を、ドレッド・スコット事件を通して一気に解決しようとしたのである。当時の社会には、政府、議会が機能不全に陥り、有意味なことを何もなしえない状態にある以上、問題解決の最後の切り札として、最高裁の介入を期待するほかはないとの声がなかったわけではない。しかし、奴隷制というホット・

イッシューについて、連邦最高裁があからさまに南部利益の代弁者として黒人への悪意に支えられた制度擁護論を振りかざすのを、社会が唯々諾々と受け入れるような状況はなかった。

奴隷制の領土への進出に反対する党綱領の正当性を否定され、党の存在そのものを否定されたに等しい共和党は、判決に対して全面対決の姿勢をとる。リンカンは、連邦最高裁は奴隷権力によるコンスピラシーの一翼を担っている、連邦最高裁が次に奴隷制を扱うときには、「自由が全国ルール、奴隷制はローカル・ルール」との従来原則をくつがえし、奴隷制を全国ルールにしてしまうであろうなどと、激しく判決を批判した。ダグラスをリーダーとする北部民主党も、少なくとも住民主権論と矛盾するかぎりで、判決に反対する。総じて北部社会は判決に対して最少限の敬意も払うことなく、これを無視し、唾棄した。ドレッド・スコット事件連邦最高裁判決は、南北社会の分断状況をさらに加速し、悪化させる以外の役割を果たすことはできなかった。

「ドレッド・スコット事件連邦最高裁判決がリンカンを大統領にした」と、ときにいわれる。判決が共和党に勢いを与え、民主党の内部亀裂をいっそう深めたこと、五八年のイリノイ州の上院議員選挙において展開されたリンカン・ダグラス論争の主要テーマのひとつが本判決であり、本判決の批判によってリンカンが全国的に注目を集めたこと等を考えると、判決がリンカン大統領の実現の一助となったことは否定できず、その評言は、因果関係の細部を無視するならば、必ずしも間違いとはいえないであろう。

第四章　リンカンと奴隷制

リンカンは、一八五四年一〇月、シカゴの南西二六〇キロ、イリノイ州中部イリノイ川沿いの町ピオリアでひとつの演説をする。演説の趣旨は、同年秋の州議会議員選挙、連邦下院議員選挙に向けた、ホイッグ党系同志のための応援であったが、応援の成功はリンカンの密かな野望、イリノイ州選出の連邦上院議員となるチャンスにもつながりえた。リンカンは奴隷制の領土への拡大の危険を現実化したキャンザス・ネブラスカ法とその仕掛け人スティーヴン・ダグラスとを痛烈に批判する。連邦下院議員の任を終えて数年が経過し、政治家としての将来に陰りのさしていたリンカンが、このピオリア演説を契機に鮮やかに復活する。

ピオリア演説で穏健派反奴隷制政治家としての立ち位置を明確に刻印したリンカンは、その後、五六年大統領選挙の共和党候補者ジョン・C・フリーモントの支持演説、ドレッド・スコット最高裁判決批判、「分断された家演説 House Divided Speech」、リンカン・ダグラス論争等を通じてその立場を堅持し、徐々にではあったが、反奴隷制政治家としての知名度をあげてゆく。そして六〇年大統領選挙において、ついに共和党候補者となる。リンカンの身に生じたこの劇的な展開のすべてはピオリア演説にその端を発していた。ピオリア演説はリンカン個人にとってもアメリカにとっても、まさしくモニュメンタルな演説であった。

本章の課題は、政治家リンカンの人生の節目、その飛躍の最初の踏み台となったピオリア演説の重要性に注目しつつ、その前後でリンカンの奴隷制へのスタンス、奴隷制に関する見方、感じ方等がどのように変化し、発展していったのかを見ることである。

リンカンにとっての奴隷制

リンカンは奴隷制について、それは間違った政策、悪、不正義、不道徳である等々と、多様な言葉を用いてつねに否定的に表現していた。「自分でも思い出せないころからずっと奴隷制が嫌いだった」とも述べている。彼は貧しく無学な開拓農民、大工の父を尊敬することができず、生活に必要な技術以外の何かを父から学ぼうとする姿勢を欠いていたようであったが、その父は奴隷制に反対するバプティストの一派に所属していた。リンカンは、奴隷制に関するかぎりは、無意識のうちに父親の影響を受けていた可能性がある。

とはいえ、リンカンの奴隷制嫌悪は、信仰的な情熱に支えられて制度の即時無条件の廃止をいう奴隷制廃止論者（abolitionist）のそれとは質的に異っていた。リンカンの嫌悪は知的に整理される以前のむしろ体質的な生理的感覚のようではあったが、すでに少年期から情熱よりは理性によるコントロールをよしとし、極端よりは中庸を好んだリンカンにとっては、その感覚が奴隷制廃止運動に身を投じるドライブとなるようなことはなかった。そこに、法律家としての歯止めがさらに作用する。

リンカンには、現実の憲法的秩序を無視して奴隷制をとらえることはできない。その反奴隷制(anti-slavery)の姿勢はきわめて堅固ではあるが、総じて穏健で常識的であった。反奴隷制政党としての共和党内にあって、その立場は穏健派ないし保守派に位置づけられる。一八五〇年代の南部はそれに対してさえ激しい反対を唱えるのであったが、大統領になるまでのリンカンの見解は、ほぼ次のようであった。

①奴隷制の領土への進出、新規拡大に反対する。
②既存の奴隷制に反対はしないが、制度の封じ込めによるその自然消滅を期待する。
③奴隷主による逃亡奴隷の取り戻しについては、憲法、逃亡奴隷法を順守し、そのかぎりでその取り戻しに協力する。
④解放奴隷、自由黒人については、その同意があるかぎりで、彼らの国外植民を推奨し、支援する。
⑤アメリカ独立宣言は黒人にも適用があるが、黒人に白人並みの政治的、社会的平等(たとえば、選挙権)を認めることはできない。

リンカンのこの立場は、四〇年代後半に北部に広がっていた自由土地論者の立場と基本的に一致する。自由土地論（free soilism）とは、奴隷州の既存の奴隷制はさておき、新たな州として連邦に編入される前の連邦領土、準州への奴隷制の新規拡大は認めない、自由労働が奴隷労働との競争を強いられるのは許さない、とする議論である。それは、奴隷制を否定的に評価する点ではラディカルな側面を持っていたが、さしあたりは奴隷制のさらなる拡大の阻止だけをねらいとしており、南部との正面きっての対立を回避しようとする北部的な政治的配慮のこもった見解でもある。が、それは他方で、白人至上主義的、黒人差別的な要素と結びつきがちでもあった。奴隷制排除の主張が黒人への嫌悪、蔑視を下敷きにしている場合には、それは奴隷だけでなく自由黒人をも領土、準州から締め出す人種差別的黒人排除論へと転化しえたのである。

奴隷制の問題点

では最も基本的な問題として、奴隷制についてはいったい何が問題だったのだろうか。なぜ奴隷制は反対されなければならなかったのか。奴隷制排除論の根幹をなすのはもとより黒人に対する不正義、反道徳性の認識であった。一八三〇年代以降、反奴隷制派、とりわけ奴隷制廃止論者はその立場を補強するのに、しばしばアメリカ独立宣言を援用する。しかし、一般に奴隷制排除論が同宣言の引用以上に周到な平等論、黒人擁護論を展開することはまれであり、現代の平等論、人権論からするとき、その理論的な奥行きは総じてきわめて限られていた。

そうした中で若干の注目をひくのがリンカンの議論であった。彼によると、奴隷制の最も許しがたい点は個人の勤勉、労働の成果が当の個人に帰属せず、奴隷主により奪い取られてしまうところにあり、この点において、奴隷制は独立宣言のいう、人にとっての最も基本的な権利を侵害するのであった。それは勤勉、努力、自助等により成功をおさめたリンカン自身の生き方、世界観の投影でもあったが、このリンカンによっても、解放後の黒人に政治的、社会的に完全な平等を認めるべきことにはならなかった（もっとも、リンカンは第二期リンカン政権がスタートしたのち、死の直前の演説（六五年四月一一日）において、戦争に参加した黒人、一定の知的水準にある黒人については選挙権を認めるのが望ましいとの立場を述べていた）。

奴隷制が黒人の人権問題として正面から取り上げられ、詳細に論じられることは、南北戦争終結後の再建期の憲法改正（憲法修正一三〜一五条）までは総じてまれであったが、他方、奴隷制が白人に対しても深刻な問題を提起しているとする認識は社会にひろく行き渡っていた。そうした見方にはジェファソン以来の伝統があったが、典型的には、それは次のようにいう。

すなわち、奴隷制は、すべての白人を奴隷主と奴隷をもたない多数のプア・ホワイトとに二分するが、そのいずれの白人グループからも勤勉、努力、節倹等の個人の向上、社会発展に不可欠のドライヴを奪いとる。奴隷制社会においては労働、勤勉が美徳であるよりは軽蔑すべきものとされ、ために奴隷主の子弟の働く意欲は阻喪する。他方、プア・ホワイトにとり奴隷主グループへの参入は容易ではないが、白人であることの一事によって奴隷とは一線を画された優越的な社会的地位が保障されるため、彼らもまた変化、向上への意欲を失う。その結果は、いかに奴隷制経済が繁栄しようとも、それは単純な規模の拡大であるにとどまり、経済の複合化、都市の発展、創意工夫に支えられた各種文化の開花、社会の洗練・繁栄等にはつながらない、というのである。たしかにこうした理由だけからも、北部社会が奴隷制に反対するには十分であった。

リンカンの黒人観

リンカンは、黒人に関してどのようなイメージを持っていたのだろうか。白人が黒人について抱くイメージを論じるとき、まず言及されるべきはここでもまたジェファソンであろう。

ヨーロッパの啓蒙思想に通暁し、時代きっての知識人として自他ともに認めるジェファソンは、自分こそだれよりも強く奴隷制に反対していると言い続けた。が、彼は死にいたるまで常時一〇〇名を優に超える奴隷を所有し、その間に多数の奴隷売買を行い、ヴァージニア有数の大奴隷主であり続けた。女奴隷（Sally Hemings）との間に数人の子をもうけていたが、子供たちはひとりを除いてすべて奴隷として身辺にとめおき（奴隷制のもと、奴隷の母から生まれた子は、その肌の色とは関係なく、母の奴隷身分を引き継ぐことになる）、ときに露悪的な情報屋、情報暴露紙が彼の暗い秘密にふれる際には、ジェファソンはただただそれを黙殺し、貝のように沈黙を守っていた。

ジェファソンは他方で、「黒人は容姿、知的資質ともに白人に劣る」「黒人は不快な臭気がする」「オランウータンは同種のメスよりも黒人女を好む」「黒人の愛は愛情よりも肉体的な感覚が中心である」「黒人の悲しみは一瞬のものだ」「黒人が白人と混血すると、身体、知性ともに改善される」等々のすさまじい黒人観察を書き残している（『ヴァージニア州に関する覚え書き』一七八五年）。そして彼は終生、奴隷の反乱を病的に恐れていた。

こうした痛ましい矛盾を示すジェファソンは極端な例であるとはいえ、これに類する黒人観は、奴隷制反対を唱える白人知識層の少なからぬ部分に共有されたものでもあった。そうした黒人観と対比するとき、リンカンのそれには特に暗い影、屈折は見当たらない。リンカンは、黒人に関する人種的ジョークを楽しみ、顔を黒塗りにした白人の滑稽劇（ミンストレル）を好んだが、他方で、六二年七月、予備的奴隷解放宣言の発出を決意する前に首都ワシントンの黒人宗教者五名を史上はじめてホワイト・ハウスに招き、その後も黒人指導者フレデリック・ダグラス、地下鉄道の運動家ハリエット・タブマンその他の著名な黒人男女を幾度かホワイトハウスに招き、その意見を徴している。

リンカンの姿勢に特段の優越感、コンプレックス、負い目、嫌悪感等は認められず、黒人への偏見をも含めて、当時の社会基準からするかぎり、総じて健全な自然体であることに印象づけられる。

その主たる理由は、リンカンのパーソナリティを別にしていえば、その生育歴にあったようである。リンカンは青年期にいたるまで黒人経験、黒人との接触機会をほとんどもっておらず、リンカンの黒人観はそれまでほぼ白紙の状態であった、ないしは実感をともなわない伝聞以上のものではなかったかと推測される。

リンカンの黒人経験

エイブラハム・リンカンは一八〇九年にケンタッキー州に生まれ、七歳のときに州昇格直前のインディアナへ、一九歳になってさらにイリノイ州に移住している。奴隷州ケンタッキーでは奴隷制は比較的身近なところにあったが、リンカンにその鮮明な記憶はない。幼児期に黒人の子と遊んだ経験は皆無のようであった。インディアナでの住まい、伝説ともなったその丸太小屋は近隣にほとんど人家のないフロンティアにあったため、黒人との接点はなかった。イリノイ州では生活圏内に一定数の黒人が住んでいたが、黒人との接触が生じるのは比較的後年になってからである。

青年期のリンカンにとって意味のある黒人経験は、二回のニューオーリンズ行であった。彼は一九歳と二二歳のとき、農産品を売るアルバイトの目的で、平底船でオハイオ川、ミシシッピ川を下り、ニューオーリンズまで航行する。最初の航行では、バトンルージュ付近の岸辺に船を停泊させていた際に数人の黒人に襲われる難に遭い、錨を捨てて逃げるという経験をしている。二回目の時にはニューオーリンズ市中で数週間を過ごし、奴隷売買のオークションなどを見聞していたようであった。

二度目の旅行からイリノイに戻ると、リンカンは父親のもとを離れてニューセイラムに移り、自立をする。数ヶ月もすると、リンカンは地元の若者グループに仲間入りをし、リーダーになるが、グループ内に黒人がいた様子はない。雑貨店の店員、対インディアン防衛の民兵隊隊長、雑貨店経営、郵便局長、測量士等々、多くはごく短期間であったが、いくつもの職業を経験し、三四年、二五歳のときに二度目の挑戦で州議会議員に当選し、その後四一年まで四期、八年間議員を続ける。三七年、二八歳で弁護士免許を得ると、スプリングフィールド（州議会議員としてのリンカンらの活動により、イリノイ州の州都は二年後の三九年にヴァンダリアからスプリングフィールドに移転することがすでに決まっていた）に移って弁護士業を開業する。

そしてその後三三歳で、ケンタッキー州レキシントンの銀行家で奴隷主でもあった名士の娘メアリ・トッドと結婚し、四人の男子をもうける（リンカンはスプリングフィールドで次男を、ホワイトハウスで三男を亡くし、その後末子が七五年、一八歳で死亡し、結局、成人にまで達したリンカンの子は長男ロバート・リンカンだけであった）。

ちなみに、リンカンの終生のライバル、スティーヴン・ダグラスは、東部ヴァーモントで生まれ、ニューヨーク州で数年を過ごした後の三三年、二〇歳の時にイリノイ州にたどりつく。リンカンより四歳年下であったが、その民主党政治家としての成功の驚くべき早さ、大きさはほとんど超人的であり、「小さな巨人」はつねにリンカンのはるか先を走っていた。四七年には早くも連邦上院議員に選ばれ、五二年の民主党大会では有力大統領候補として指名争いに加わっていた。リンカンとダグラスは一時期ともに、スプリングフィールドに住むメアリの姉夫婦（姉の夫は元州知事の父親をもち、自身も州司法長官を務めたことのあるニニアン・エドワーズ）の主催するパーティに出入りしており、その間にダグラスはメアリに求婚したことがあったという。

リンカンが黒人と接触をもつのは、主として弁護士を開業してからである。三七年のスプリングフィールドは、人口が約一五〇〇人、うち黒人は一〇〇人足らずであった。弁護士リンカンは黒人関連の事件も特にこだわりなく引き受けていた。五〇年代に入ると、メアリはホワイトハウスに移るまで家事手伝いとして黒人女性を雇っている。しかし、リンカンに特に親しい黒人の友人、知己ができていた形跡はない。結局、リンカンがスプリングフィールドで最も親しくしていた黒人は、ハイチから同地に移住してきていた床屋であった。リンカンが結婚するまでは、その理髪店が雑談を楽しむリンカンの居間のようになっていたという。リンカンはホワイトハウスに移ってからも、イリノイを訪れる友人に対して、この床屋に「よろしくいっておいてほしい」旨のあいさつの伝言をいちどならず託している。

こうした総じて乏しい黒人との交流経験が示すように、リンカンにとっては、黒人は生活経験を共有する日常の身辺的存在というには距離のある、基本的には知的に観察し、理解すべき対象であり、抽象的な存在であった。まさにこのことが、黒人との関係で大統領リンカンが既成の偏見、負い目等に特にとらわれることなく、相対的に自由かつ自然に振る舞える理由となっていたといえそうである。

リンカン、ダグラスとイリノイ州

身長一九〇センチを優に超える体格、少年時代のフロンティア生活が与えた強靱な体力、苦労して借りてきた数少ない書物の反復熟読のなかで培った洞察力、思索力と文章力、うつ体質と背中合わせの穏やかな物腰と卓抜のユーモア感覚、努めて身につけた弁論技術、人をそらさないサービス精神、コミュニケーション能力、酒・煙草をたしなまず、服装その他の外観にも関心を示さない求道者的な生活スタイル、不断の向上心等々のリンカンの資質は、選ぶ職業が何であっても、確実に一定の成功を約束するたぐいのもののようであった。

しかし、リンカンにはその知力、体力等の個人的な資質、能力のほかには頼るべきものは何もない。受けた学校教育はすべてを合わせてもせいぜい一年程度であり、その他身を助けるような財産、人脈等もない。そのリンカンがヘンリー・クレイに憧れて二五歳でイリノイ州議会（下院）議員となり、議員をしながら学習をし、二八歳で弁護士業をはじめている。リンカンの置かれた制約的な環境からすれば、人生の端緒におけるこのキャリア実績はそれ自体めざましいものであり、その将来についても相当の期待が持てる状況であった。

が、スティーヴン・ダグラス（一八一三年生まれで、リンカンの四歳下であった）は、リンカンよりはるかにすごかった。もともとヴァーモント出身のダグラスは、ニューヨークで三年間の教育を受けた後、一八三三年、二〇歳の時に縁もゆかりもないイリノイ州ジャクソンヴィル（州中央部、スプリングフィールドの西方に位置する）の町にやってくる。翌年には弁護士登録をするとともに、アンドリュー・ジャクソンを信奉する熱心な民主党員として政治活動を開始する。またたく間に州検察官、州議会議員、連邦土地事務所登記官、州務長官、州最高裁判所判事等を次々と歴任し、四三年に連邦下院議員、四七年には三四歳で早くも連邦上院議員となる。ダグラスとリンカンは三六年、それぞれ民主党とホイッグ党の若手議員としてしばらくの間議論を戦わせる時期があったが、それはほんのつかの間のことであった。「小さな巨人」ダグラスはキャリアの階梯を驚異的な速さで駆け上り、リンカンははるか後方に置き去りにされる。ふたりが次に相まみえるのは、五〇年代も半ばに入ってからのことである。

中西部州イリノイ

リンカン、ダグラスが若くして晴れがましいキャリア展開をなしえたこと、ふたりがともに全国区の大政治家として後に五〇年代の政治社会を席巻しえたことについては、その活動の舞台が中西部のイリノイ州であったことが大いに関わっていた。

イリノイ州は、エリー運河、五大湖とミシシッピ川とによって北米の北東部と南部とを連結する要衝の地に位置し、さらにミシシッピ川以西との関係では西部世界への玄関口としての意味をもっていた。かつては北東部から遠く離れた辺境の西部であったイリノイは、三〇年代以降、東部、ニューイングランドから多数の移住者、移民を引き寄せる。州内の鉄道敷設の進展により農業、産業ともに急激な発展をとげる。

アメリカ社会は建国以来長らく、政治のヴァージニア、経済のニューヨーク、知的文化のマサチューセッツとして特徴づけることができた。が、いまや中西部（オハイオ、インディアナを含む）に新たな経済ブロックが形成され、それとともに中西部の全国政治における政治的比重も増大する。建国以来、ヴァージニア王朝と呼ばれ、アメリカ政治をリードしてきたヴァージニアは四〇年代後半以降、政治的に見る影もない。

しかし、若さあふれる新興のイリノイには、他方で古い体質もつきまとっていた。もともとフランス領であった中西部には、早くから奴隷制が導入されていた。一七六三年、七年戦争の精算としてのパリ条約によって、中西部はイギリス領となるが、アメリカ独立戦争後の八三年のパリ条約によりそれがさらにアメリカ側に移る。アメリカ領となった同地域については、はじめヴァージニアが植民地発足時のチャーター（勅許状）に基づき権利を主張するが、最終的には連合会議の管轄下に入る。

連合会議は八七年、この地域を「北西部」と称し、北西部条例（Northwest Ordinance）を制定する（合衆国が誕生すると、条例は連邦法に組み替えられる）。条例は奴隷制を禁じていたが、実際にはその奴隷制の禁止は必ずしも額面どおりに有効には働かなかった。そこには、いくつかの障害事由事情があった。

まず、当該奴隷制禁止条項の文言があまりに簡素であった。そのため、フランス領時代からの既存の奴隷制に対しては、条例の禁止の効力は及ばないとの解釈がまかり通ることになる。

北西部条例の実効性を削ぐ事情はほかにもあった。それは、州南部の住民に関する。イリノイ州の州北部住民の圧倒的多数は東部からの移住者であったが、州の南半分はケンタッキーその他の奴隷州からの移住者で占められていた。彼らは、黒人奴隷を帯同してやってきていた。

一八一八年のイリノイ州憲法は、奴隷制禁止の建前はとったものの、たとえば、憲法以前から存在する奴隷制、岩塩鉱山での奴隷労働、生涯に及ぶような長期の年期労働契約等を許容するなど、複雑な例外を設けていた。

これらの事情により、とりわけ州の南半分には四〇年代にいたるまで、端的な奴隷制あるいは長期年期労働契約の形をとった不自由労働がすくなからず見受けられた。その状況は、連邦レベルでの南北対立のミニアチュア版がスプリングフィールドの位置する州中央部を境にしてイリノイ州内に再現されたかのような様相を呈していた。そのためもあり、イリノイ州は州憲法制定後も、多数の黒人関連法（多くは黒人差別的な黒人法 Black Law）を維持していた。

弁護士リンカンと黒人関連事件

リンカンはその生涯に弁護士として約五〇〇〇件の事件を扱ったといわれるが、その内の四〇件弱が黒人関連事件であった。黒人関連事件とはどのようなものだったか。

たとえば、イリノイ州の農地で小麦を生産するケンタッキー州の奴隷主が、小麦の収穫期にケンタッキーのプランテーションから数名の奴隷を応援としてイリノイに呼び寄せ、収穫期が終わると奴隷をふたたびケンタッキーに戻すというやり方をしていたが、ある奴隷がイリノイ滞在中に、奴隷制反対の運動家のもとに駆け込んだという場合がある。奴隷主は、この逃亡奴隷を取り戻せるか。運動家を相手に損害を請求できるか。

最重要の論点は、「当該奴隷はイリノイ州で自由民になったかどうか」であるが、それを決するには、「自由州での滞在によって、奴隷は自由民になりうるか」「逃亡ではなく、奴隷主の同意のもとに自由州に入った場合はどうか」といった奴隷制特有の問題を論じる必要がある。その結果、奴隷が自由黒人になったと判断されれば、次には自由黒人の州滞在資格が黒人法との関係で問題となりうる。イリノイ州は自由を得た黒人の州滞在資格を否定していた。

「肌の色が黒く、黒人ではないか」「黒人女性との間に子供をもうけている」とうわさされたAが、うわさを流した隣人Bを名誉毀損で訴えたという場合はどうか。基本的には事実のいかんが事案を決するが、かりにAが南ヨーロッパ出身の白人だったとすると、ことは重大である。黒人となると、Aは選挙権をはじめ白人としての公的、私的な多くの権利、資格を失う（黒人の定義は州により異なるが、黒人の血が八分の一以下であれば非黒人であるとするのが一般的であった）。Aが黒人女性との間で子をもうければ、通婚、人種混淆（miscegenation、amalgamation）、姦通（fornication）等の禁止違反がありうる。黒人法の適用が問題となる事案では、特別の知識、考慮等が必要とされる。

こうした事件に対するリンカンの基本姿勢は自然主義的であった。黒人関連事件を進んで受けはしないが、依頼があればすべて引き受けるという姿勢である。そのため、リンカンの顧客は奴隷、自由黒人のことも奴隷主のこともあったが、リンカン自身はこれについて特に疑問をもつことはなかったようであった。リンカンの事件処理手法は、奴隷制、黒人法それ自体の無効をいうような原理論、大議論を努めて避け、もっぱら事実認定の場で勝敗を決するのを基本とし、事件を政治的に利用する、政治的宣伝の材料にするなどのことはまったくなかったといわれる。

リンカンのこの姿勢は、同じ中西部で黒人の利益を守るために無償もいとわず、弁護士業務に従事していた奴隷制廃止論者たち、のちに共和党ラディカル派の政治家として活躍する、ジョシュア・

ギディングズ、サーモン・チェイス、ライマン・トランブルらとは相当に異なっていた。黒人問題についての考え方、経済的な必要、さらには弁護士倫理等の絡む問題であり、リンカンの姿勢を無節操というのは早計である。が、リンカンが奴隷制、黒人問題をさほど深刻に受けとめていなかったことは否定できないようである。後の黒人解放者リンカンの偉大性、聖者的イメージからすると、諸事実はいまひとつ落ち着きがよくない。通説的な見解は、一八四〇年代にはリンカンの反奴隷制の思想はいまだ十分には成熟していなかったと理解するのであるが、同様の理解は、リンカンの政治家としての活動面についても必要とされることになる。

イリノイ州議会議員時代のリンカン

ニューセイラムに移っていまだ一年も経過していない一八三二年、二三歳のリンカンは、親密になった若者グループの勧めで、イリノイ州議会議員選挙に立候補する。ワシントンの伝記を読み、建国の歴史を知っていたリンカンは、この時期にはすでに、歴史に名を残す政治家になりたいとの漠然とした気持を抱いていた。それまでも身辺の他人のために手紙を書いたり、簡単な法律文書の作成を手伝ったり、治安判事のもとでの手続、裁判を見聞したりもし、弁護士になる希望ももってはいたが、リンカンの中では、法律家は政治家としての土台作りの意味合いが強かった。

リンカンは立候補はしたが、生活の必要から夏の選挙前の三か月間、民兵隊に入隊する。民兵隊の目的は、ミシシッピ川を渡ってかつての居住地イリノイ州に逆戻りしてきたソーク・インディアン（Sauk, Sac）を川向こうに押し返すことであった。そのために、リンカンは選挙に落選する。しかし、測量士、郵便局長等の仕事を通して知己、支持者を増やしていったリンカンは、次回三四年選挙で当選を果たし、その後も二年ごとに当選を続け、四一年まで四期連続で州議会議員を務める。リンカンは、公共的基盤の整備、高関税による国内産業の育成、通貨の安定等による経済発展をめざす政策（American System）を唱道するヘンリー・クレイに心酔する、忠実なホイッグ党員であった。当時、イリノイ州では民主党が圧倒的に優勢であったが、それでもリンカンはホイッグ党員として党のために地道に活動する。ちなみに、スティーヴン・ダグラスは、三六年に民主党のイリノイ州議会議員となり、リンカンと席を並べる一時期があったが、その任期途中に、大統領マーティン・ヴァン・ビューレンによりスプリングフィールドの土地事務所登記官に任命され、州議会議員を辞していた。

リンカンは四一年に州議会議員を退く。先の見えない地方政治家にひとまず区切りをつけるためであった。翌四二年に数年の間、迷い、ためらっていたメアリ・トッドとの結婚に踏み切り、連邦下院議員になることを画策するが、党内の候補者選定ルールに阻まれ、直ちには成功しない。四六年の選挙でようやくホイッグ党からの立候補がなり、四七年から下院議員を一期務める。リンカン自身はその後も議員を続けたかったが、立候補者のローテーション方式をとる党内ルールに阻まれる。

他方、リンカンは四八年大統領選挙では、ホイッグ党候補ザッカリー・テイラーの当選のためにニューイングランドにまでおもむくなどの応援活動をしている。報償として相当の公職が与えられるのを期待してのことであったが、テイラーの当選にもかかわらず、望む職は提示されず（リンカンには最終的にオレゴン準州知事の職が提示されたが、家庭の事情を理由に、リンカンはこれを受けなかった）、リンカンの政治家としての道はこの時点で大きな曲がり角を迎える。それでもリンカンはその後も忠実なホイッグ党員として地道に党務に従事し、五〇年代半ばに党が消滅するまで、文字どおり縁の下からホイッグ党を支える役割を果たし続ける。

奴隷制と政治家リンカン

リンカンはイリノイ州議会議員、連邦下院議員として、奴隷制問題に対してどのように取り組んだか。州議会議員リンカンが奴隷制に関して何かをしたという特段の行為はほとんど見当たらないが、そのわずかな例外となるのが、三七年の州議会における抗議声明と、翌年のスプリングフィールドの青年文化会館での演説である。

まず抗議声明についていえば、それは、州議会の奴隷制廃止運動への非難決議に対してリンカン（および同僚議員一名）が抗議したというものであった。ＡＡＳＳ（アメリカ反奴隷制協会）は、三六年、首都ワシントンの奴隷制の廃止などを内容とする大量の請願を連邦議会に提出する請願活動を展開する。下院は機能麻痺を避けるため、請願の棚上げルールを作ってこれに対抗する。が、ＡＡＳＳの活動に憤慨しておさまらない大衆が各地で集団的に奴隷制廃止運動の活動家を襲い、暴力をふるう事件が発生する。これに呼応する形で、多くの州議会が奴隷制廃止運動に対する非難決議を成立させる。イリノイ州議会は圧倒的多数で、「奴隷所有の権利は神聖である」「奴隷主の同意なしに首都ワシントンの奴隷制を廃止することはできない」と決議する。

リンカンの抗議声明は、この州議会決議に対してなされた。声明は「奴隷制は不正義であり、誤った政策である」との語句を含んでおり、これをとらえて、リンカンの反奴隷制姿勢がここに如実に示されているとするのが一般的な評価となっている。とはいえ、同声明は同時に、「奴隷制廃止運動は問題の解決にはならず、かえって事態を悪くする」「連邦議会は憲法上、既存奴隷州の奴隷制には干渉しえない」「首都ワシントンの奴隷制は市民の意向を無視して廃止されてはならない」等の保守的、常識的な見解も含んでいた。極端な少数派となることをおそれずになされた声明であること、奴隷制に関するリンカンの見解にその後もほとんどブレがないことをここから確認できるが、その反奴隷制姿勢に特にユニークでインスパイアリングといえるようなものは見当たらない。

三八年の演説は、政治社会にとっての理性、秩序の重要性、暴力の排除を説いたものであった。それは、その前年、イリノイ州オールトンの奴隷制廃止運動紙の発行人エライジャ・ラヴジョイが暴力的な群衆に殺害された事件を念頭においてなされていた。いまだ三〇歳にもならない青年の演説としては出色の老成した内容ではあったが、リンカンの反奴隷制姿勢いかんというわれわれの関心からすると、そこに特に見るべき見解は提示されていなかった。

リンカンの首都ワシントンの奴隷制廃止法案要綱

リンカンが連邦下院議員をつとめた四七年一二月から四九年三月までの間は、いわゆる一八五〇年の妥協の成立直前の時期であり、奴隷制問題がウィルモット条項を機縁に燃え上がり、議会が大混乱した時期である。問題のひとつは、首都ワシントンの奴隷制、奴隷取引の禁止の是非いかんであった。下院では、この問題について多くの法案、決議案、それへの反対提案等が提出されるが、四八年一二月、首都における奴隷取引禁止法について原案作成を下院司法委員会に委ねる旨の決議がようやく暫定的に成立する。

この決議に対して、沈黙を守っていたリンカンが四九年一月、首都における奴隷制廃止法の実現に取り組むべきだとの修正提案をし、これが支持されるならばのちにそのための法案を提出する用意があるとの態度を表明する。リンカンの発言の動機は、奴隷制問題をめぐってホイッグ党の党内亀裂が深まるのを避けるとともに、同党が誕生させたテイラー新政権から有利な公職の提示を受けること、あるいは議院を去るに際してみずからの存在証明を明確にしておくことにあったようであった。

これまで議会で奴隷制問題について意見を述べることを極力避け、ウィルモット条項に関しても指名投票のときにしか賛成票を投じていなかったリンカンがこの時点で修正提案を出すのはむしろ唐突であったが、リンカン自身は、いずれは奴隷制問題に関与せざるをえないと考えていたようであり、すでに自前の法案の骨子を用意し、同僚議員、首都の市長の意見等を参照するなどの準備もしていた。しかし、リンカンの修正提案は下院の支持を得られず、用意していた法案要旨が陽の目を見ることはなかった。

リンカンの構想した法案要旨の主要点は、

①現在の奴隷は終身間奴隷である、

②奴隷主が奴隷を解放したときは、国庫から補償を受ける、

③法成立後に生まれた奴隷の子は自由身分を得るが、一定年齢に達するまでは奴隷主の徒弟として奴隷主のもとになお拘束され続ける、

④市は逃亡奴隷について、逮捕・返還義務を負う、

⑤市は本法への賛否を問う手続として、すべての白人成人男性による投票を実施し、その多数の支持のあるとき、大統領がその旨を宣言する、

というものであった。それは、独立革命期に北部州の多くが採用した奴隷制の段階的廃止方式に金銭的補償を付加したものであり、基本的に特に新しいものはない。というよりは、奴隷主の利益保護にいっそう手厚い配慮をしたものと評される。これによって、政治家リンカンの反奴隷制の立場が議会の内外に印象づけられ、記憶されるということはまったくなかった。

ちなみに、首都ワシントンの奴隷制の命運に関しては、まず、一八五〇年の妥協の一内容として、首都における奴隷取引禁止法が成立する。その後、南北戦争の開始から一年が経過した六二年四月、共和党ラディカル派の主導のもと、奴隷に対してではなく奴隷主に対して金銭的補償を付けた、制度の即時廃止を内容とする奴隷制禁止法がようやく成立することとなる。

キャンザス・ネブラスカ法による政治家リンカンの蘇生、覚醒

リンカンは一八四八年大統領選挙の際、テイラーのためにマサチューセッツ州等に出向き、応援演説をする。その報賞としてオレゴン準州知事の職が提示されるが、リンカンは家庭の事情を理由に、これを断る。四九年三月、下院議員の任期が終了し、就くべき公職もなく、リンカンに残された道はイリノイ州スプリングフィールドに戻って弁護士業を再開することだけであった。それはどちらかといえば意にそわない選択ではあったが、リンカンに対して弁護士としての成功と経済生活の安定をもたらす。五〇年代のイリノイは鉄道路線の爆発的な拡大時期にあたっており、複数の鉄

道会社がリンカンの顧客となっていた。

もっとも、弁護士リンカンは政治から身を退いたわけではなかった。公職には就いていないが、リンカンは、ホイッグ党の党務に従来以上に熱心に取り組む。五二年大統領選挙では、リンカンは党全国委員会にイリノイ州代表として参加し、ホイッグ党大統領候補ウィンフィールド・スコットの選挙活動に尽力する。同年のヘンリー・クレイの死に際してリンカンが追悼演説（イリノイ州で開かれた追悼集会において）をするのも、これまで続けてきた党活動の一環としての意味があった。リンカンはいまやイリノイ州ホイッグ党のリーダーであったが、ホイッグ党自身は奴隷制問題にうまく対応できず、全国政党としての指導性を失い、急激に衰退の道をたどりはじめていた。

弁護士業に精出し、裏方としての党務に従事して五年が経過したころ、リンカンを政治の表舞台に引き出すきっかけとなったのが、五四年のキャンザス・ネブラスカ法であった。同法は、奴隷制の住み分けルールとして有効に機能してきたミズーリ妥協線を撤廃し、これまで奴隷制にとってオフ・リミットであった領土部分にまで、住民主権の名においてその進出可能性を開くものであった。それは当然、北部社会の強い憤りを呼んだが、リンカンにとってもまた青天の霹靂であった。リンカンは同法を契機に、「奴隷制の拡大絶対反対」の政治的インスピレーションを得る。奴隷制廃止論者とは明確に一線を画しながらも、奴隷制は反道徳的であるとの揺るぎない認識に立って、その拡大には断固反対する反奴隷制の政治的立場を固める。

なぜキャンザス・ネブラスカ法はリンカンに対して、政治家としての再生を促すほどに強いインパクトを持ちえたのだろうか。その理由としては、これまで安定的に機能してきたミズーリ妥協線を強引に撤廃する同法が、リンカンの内部にもともとあった深部感覚としての奴隷制嫌悪を強く揺り動かしたこと、同法に対する北部社会の強い拒絶反応を目の当たりにして、リンカンはこの時、政治家としての今後の成功が奴隷制との正面きっての対峙、奴隷制への挑戦いかんにかかっていることを、ほとんど啓示的に察知したこと、そしていまひとつ、二〇年前の中部イリノイ州でともに財産、人脈その他いっさいをもたないなか、みずからの力だけを頼りに大政治家になるという大きな野心を抱き、相互にライバル視していたスティーヴン・ダグラスがいまや民主党の旗手として同法を北部社会に押しつけ、混乱を引き起こしていることがリンカンの競争心、敵愾心をいやがうえにも刺激したこと、などがあげられよう。

リンカンの連邦上院議員選挙への挑戦と挫折

五四年のイリノイ州は、一一月に連邦下院議員選挙、州議会議員選挙を、さらに年が明けた翌年一月に州議会議員による連邦上院議員選挙を予定していた。ダグラスとともに民主党が独占していたイリノイ州選出上院議員二名のうちのいま一方の議員ジェームズ・シールズの任期が満了するためであった（ダグラスはすでに五二年に再選されており、次の改選年は六年後の五八年であった）。リンカンのもともとの選挙作戦は、ミズーリ妥協線の復活要求、ダグラス批判を、ホイッグ党の下院議員候補者への応援活動を通じて展開してゆき、かりに州議会議員選挙でホイッグ党が勝利するときにはリンカン自身の上院議員選出にもチャンスの目が出てくるのを密かに期待するというものであったが、党側の要望に押され、リンカン自身も不本意ながら州議会議員候補として立候補する羽目になる。

選挙結果は、他の北部州と同様、イリノイ州においてもホイッグ党、というよりは超党派の反キャンザス・ネブラスカ法グループの圧勝、民主党の大敗であった。自身の選挙についてはまったく関心のなかったリンカンも当選するが、リンカンは当選二週間後には当選を辞退する。州議会議員が連邦上院議員に選出されるのを州憲法が認めていないことに、リンカンがこの段になってはじめて気がついた、というのがその理由のようであった。

年が明けた五五年、天候不順で二月に延びたイリノイ州議会で、上院議員選挙が行われる。第一回投票では民主党候補が四一票、反ダグラス派民主党員（のちに共和党員）ライマン・トランブルが五票だったのに対して、リンカンは当選に必要な過半数五〇票にいま一歩のところにまで迫る四五票を獲得し、上院議員に選ばれるのは時間の問題のようであった。

ところが、舞台裏での懸命の説得工作にもかかわらず、トランブルが譲らず、リンカンは必要な残りの五票を取ることができない。逆にその間に、投票のたびにリンカン支持票が減ってゆく気配が出はじめる。結局、一〇回目の投票で、リンカン支持派がトランブル支持にまわることを決断し、わずか五票からスタートしたトランブルがついにイリノイ州の上院議員に選出されることとなった。リンカンの決断を支えたのは、自分の選出がかなわない以上、次善の策はダグラス派民主党にその席を渡さないことであり、決定的敗北の前の撤退はチャンスを後に残し、トランブルに一定の貸しを作ることになる、との政治的判断であった。

リンカンは上院議員となるチャンスを惜しくも逸したが、選挙過程での演説により、反奴隷制政治家としての名を確かなものにした。少なくともイリノイ州では、リンカンをさしおいて反奴隷制派の大同団結の実現、新たな反奴隷制政党の結成は考えられない状況ができあがる。リンカンの選挙演説が応援対象の下院議員候補の選挙区を越えてまでなされ、演説内容の主眼がもっぱらキャンザス・ネブラスカ法およびダグラスへの批判、攻撃に置かれていたことが奏効していた。

選挙活動期間中には上院議員ダグラスもまたイリノイ州に戻り、キャンザス・ネブラスカ法について州民の理解を得るための講演活動を展開していた。その間にリンカンとダグラスとの直接対決、同じ聴衆を前にした事実上の競争演説会が数度にわたって実現していたが、リンカンは演説の技術、内容のいずれの点でもパワフルな演説の名手ダグラスに優っていたとの評価を広くかちとる。

リンカンのそうした演説のうち、完全な記録の残っているのが、五四年一〇月中旬、イリノイ州北中部ピオリアでした、いわゆるピオリア演説であった。それは全三時間におよぶ大演説であるが、そこにはリンカンの奴隷制に関する見解がほぼ余すところなく表現されていた。このピオリア演説によって、これまで中西部プレイリーのオブスキュアな弁護士、政治家にとどまっていたリンカンが、少なくとも地方的には最も信頼するに足る中道の反奴隷制政治家に変身を遂げるのであった。

ピオリア演説

ピオリア演説の基本的な目的は、キャンザス・ネブラスカ法がミズーリ妥協線を撤廃したのを間違いだとし、その復活を訴えることであった。そのための伏線として、リンカンは演説の相当部分を独立達成後の連合会議、合衆国による奴隷制規制の歴史的検討に割いている。その狙いは、建国の父祖たちは必要最小限度で消極的に奴隷制を容認しはしたが、奴隷制をそれ以上に拡大することは意図していなかった、キャンザス・ネブラスカ法にいたるまでのその後の歴史の展開は実際、建国の父祖たちの意図どおりに奴隷制に対して抑止的、制限的であった、という歴史の確認にあった。

リンカンの歴史理解には、たとえば、「独立宣言の『人』はもともと黒人を含んでいた」とするなど（「独立宣言は今日、黒人を含むものと読まれる必要がある」というのではなく）、政治的な主張の次元でしか受け入れられないものが一部に含まれてはいるが、ピオリア演説の披瀝する奴隷制の歴史は、全体として今日の学術的歴史理解としてもほとんど修正を要しない程度に確かなものであった。

それは、キャンザス・ネブラスカ法の法案が明るみになった五四年初から秋までの約半年間、リンカンが事務所パートナーのウィリアム・ハーンドンの支援を得て、同法に関する各種新聞の論評、有力議員の見解、奴隷制廃止運動紙の記事等を渉猟し、その合間をぬって州図書館で議事録の確認等を含めた歴史研究をするなどした成果の反映であった。リンカンの奴隷制史に関する造詣の深さはすでにこの時点で同時代の政治家、奴隷制廃止運動家の間で抜きんでたものになっていた。

詳細な歴史理解を基礎にしたリンカンの三時間に及ぶ反奴隷制演説は重層的、多角的に展開され、そのため、ときに論点の重複なども見受けられたが、その考え方を理論的な順序にしたがって整理し直すと、ほぼ次のように要約される。

①奴隷制は、とてつもない不正義（monstrous injustice）である。それは自由を愛するわれわれを偽善者にし、世界の範としてのわが共和国の影響力を損なうものとなっている。

②建国の父祖たちは、奴隷制をやむをえない必要最小限の範囲でのみ許容した。憲法が奴隷制という言葉をいっさい使用しなかったのは、切除困難ながんを抱えたがん患者ががんのことを口にするのをはばかるのと同じ心理によるものである。

③奴隷制に関する私の直感的な反応についていえば、奴隷をすべて解放して、祖国アフリカに送り返すことである。しかし、それは不可能なことである。解放した奴隷をわれわれの下僕とす

るのは、そもそも解放ではない。とはいえ、彼らを市民として完全に平等に扱うのは感情的に受け入れがたい。少なくとも社会はこれを認めない。漸進的な解放が現実的とならざるをえないが、この場合にも、奴隷主の憲法上の権利を無視することはできない。奴隷主の憲法上の権利は、逃亡奴隷の返還を求める権利をも含んでいる。

④すでに存在する奴隷制を廃止するのはまことにむずかしい。かりに全能の権限が私に与えられたとしても、私は確たる解決策を知らない。自分のわからないことについて、私は南部の人びとを責めることはしない。

⑤領土への奴隷制の進出については、それを正当化しうる理由はない。ネブラスカの地への奴隷の持ち込みを許すことは奴隷輸入の再開とほとんど同じことである。社会は神聖なミズーリの妥協の廃棄など、望んではいなかった。一八五〇年の妥協はキャンザス・ネブラスカ法に道を開く性格のものではない。

⑥住民主権論は、抽象的な自治の原理としては正しい。しかし、その適用の仕方が問題である。それは、住民主権がいついかなる方法によって行使されるか等をあいまいにしているため、実際には最初の移住者が奴隷を持ち込んだだけで奴隷州が生まれることになり、反対派との間に暴力的な衝突を誘発する。

⑦キャンザス・ネブラスカ法によって、共和主義の衣は汚れ、埃にまみれた。衣は独立革命の精

神によって洗い直される必要がある。奴隷制はもともとの場所に戻されること、つまり、必要最小限の限られた範囲でのみ許容されることが再確認されるべきである。

リンカンの共和党への加入

右のようなピオリア演説には、時代の先を行くような特にユニークな主張は含まれていない。が、それは、穏健中道的な反奴隷制論を的確な言葉、巧みな表現で系統的に表現するものであり、リンカンの立ち位置を明確にしたというにとどまらず、反奴隷制論のひとつのスタンダードの結晶を意味していた。反奴隷制の立場をとる中西部の諸グループは、リンカンをその活動に誘い、協力を取り付けようと動き出す。

ダグラスが強引に成立させたキャンザス・ネブラスカ法のために、民主党は反奴隷制の立場をとる多くの北部党員を失う痛手を被った。が、それはすでに衰退の道を転げ落ちつつあったホイッグ党を立て直す力としては働かない。いまや既成政党の組織的な流動化の傾向はあらわであり、奴隷制に反対する民主党員、ホイッグ党員、移民排斥主義者、自由土地論者、奴隷制廃止論者等々の間に反キャンザス・ネブラスカ法、反奴隷制の大同団結の動きが北部各地で生じる。五四年末にはミシガン、ウィスコンシン等において共和党を名のる反奴隷制新党が出現し、その動きはイリノイにも及ぼうとしていた。

しかし、リンカンは客観的には瀕死状態にあったホイッグ党の再建になお望みをかけ、新党の結成を決断しない。イリノイ州での反奴隷制新党の結成は滞らざるをえなかった。リンカンは、反奴隷制を正面に掲げる北部政党の立ち上げが南北の融和、連邦の存続を危うくするのを懸念したのであった。

五五年末になると、住民主権論の実験場ともいうべきキャンザスで奴隷制の是非をめぐってふたつの準州政府が出現するなど、奴隷制問題はさらに緊張度を高める。リンカンは五六年二月、すでに州北部に小規模に出現していたイリノイ共和党に参加することにようやく同意し、参加とともにその中心人物となる。全国的な公職の経験を欠くため、州外の知名度はニューヨーク州のウィリアム・スューワッド、オハイオ州のサーモン・チェイス等と比べてはるかに低かったが、リンカンはそれでも、同年六月、フィラデルフィアで開催された第一回共和党全国大会で、副大統領候補として一一〇票を集める程度には政治家としての地歩を築くまでになっていた。

一八五六年大統領選挙とブキャナン民主党政権の誕生

五六年の民主党大会は、キャンザス・ネブラスカ法に対する北部社会の総じて否定的な世論を考慮して、その元凶たるスティーヴン・ダグラスを支援した現職の大統領フランクリン・ピアスの選出をあえて避け、ジェームズ・ブキャナンを党大統領候補として指名する。ピアス政権下でイギリス大使を務めていたブキャナンには、キャンザス・ネブラスカ法の誕生、それがもたらした「流血のキャンザス」のスキャンダルには直接関わっていない、司法によって手が汚れてはいないという有利さがあった。

奴隷制の領土進出反対を党綱領にかかげる共和党は、結党後はじめての大統領選挙に、政治的手腕はまったく未知数ながら、メキシコ戦争前夜のカリフォルニア探検等で国民的人気を博していたジョン・C・フリーモントを候補者に立てる。選挙にはさらに、大統領就任後一年余で不慮の死を遂げたザッカリー・テイラーの後を継いだホイッグ党の元大統領ミラード・フィルモアがアメリカ党（ノーナッシング党）から出馬する。

選挙の結果は、ペンシルヴェニア州出身でありながら、南部票をほぼ独占したブキャナンの勝利となる。とはいえ、共和党は、流血のキャンザス批判を中心にした選挙運動の成功により、自由州全体で民主党を超える票を獲得し、その存在を社会に強く印象づける。その躍進は、次回六〇年の大統領選挙での共和党の勝利を期待させるに十分であった。民主党の牙城イリノイ州でも、共和党の躍進はめざましい。共和党は、大統領選挙の得票数こそ民主党に及ばなかったが、下院議員については州定数の過半を当選させ、さらに知事を勝ち取った。この選挙結果は、フリーモントのために州の内外で五〇回を超える応援演説をしてきたリンカンにとっても満足すべきものであった。

選挙が終わったいまリンカンがなすべきは、ストップしていた弁護士業を再開することであった。

五七年はアメリカにとり二〇年ぶりの大不況の年であったが、リンカンにとっては鉄道会社関連事件から入る報酬により、同年は人生で最も収入の多い年となる。

とはいっても、リンカンの生活が政治から完全に切り離されることはない。同年三月、ブキャナン政権発足と呼吸を合わせて、ドレッド・スコット事件連邦最高裁判決が出されており、翌五八年には上院議員ダグラスの任期が満了することになる。五七年六月、イリノイ州に戻ってきたダグラスはスプリングフィールドで、ドレッド・スコット判決は住民主権論、キャンザス・ネブラスカ法を支持しているとして、同判決の擁護演説を行っていた。リンカンは聴衆のひとりとしてこれを聴いた二週間後、ダグラスへの反論として、同判決の痛烈な批判演説をする。そのメッセージの核心部分は、独立宣言は黒人にも適用がある、黒人もまたその手で稼いだパンについてはだれの許可も必要とせずに食する当然の権利を有している、ということであった。

リンカンの連邦上院議員選挙への再度の挑戦と敗北

リンカンが五八年のイリノイ州上院議員選挙において共和党の候補となるべきことは、三年前の五五年、リンカンがそのチャンスをあえてライマン・トランブルに譲った経緯もあって、関係者の間では当然の了解事項であった。ところが、選挙が近づくにつれて、リンカンにとって予想外の事態が発生する。ニューヨーク・トリビューン紙の編集者ホラス・グリーリーら東部の共和党リーダーたちがイリノイの州内情勢にはかまわず、民主党のダグラスの再選を支持するという奇妙な動きを見せはじめたのである。

その理由は、ダグラスが五七年末、キャンザスの奴隷制支持派の作ったリコンプトン憲法への反対を表明したことにあった。「リコンプトン憲法は住民主権の正しい運用の結果ではない」というのである。それは、キャンザスの奴隷州としての連邦加入の推進に舵を切っていたブキャナン政権の立場と決定的に対立する。民主党の党内対立は、共和党にとっては基本的に歓迎すべきことであったが、グリーリーらはこれをダグラスが近い将来民主党と訣別して共和党に鞍替えする証左、予兆であると受けとめ、共和党の立場からダグラスの上院議員再選支持を呼びかけたのであった。

この不穏な展開を阻止し、動揺するリンカンを支えたのはイリノイの共和党員たちであった。五八年四月以降、イリノイ各地でもたれた共和党の郡大会は、「リンカンは共和党の第一かつ唯一の上院議員候補である」旨の異例の決議をし、東部の党エリートたちによる地方問題への干渉に抗議の意思を表明する。同様にイリノイ州共和党は五八年六月、スプリングフィールドで州大会を開き、リンカンを候補者とする旨の決議をして、イリノイ州の上院議員候補者問題にケリをつける。

共和党州大会の支持決議を受けて、リンカンは同日の夜、事実上の指名受諾演説として、のちに「分断された家」演説（House Divided Speech）と呼ばれる演説をする。リンカンはその冒頭の導入部で、自由州と奴隷州とに二分された国家が長く存続することは不可能であり、いずれはそのどちらかに収束されることになるだろうと述べる。リンカンとしては、南北の現下の対立状況を聖書の「分断された家」（新約聖書福音書マタイ伝第一二章二五節、同ルカ伝第一一章一七節参照）のイメージに重ねてとらえ、その将来の一般的な予測を述べただけのことであって、特に北部と南部との力による対決を煽り、南部を挑発する意図があったわけではないようであった。

しかし、同演説部分は、リンカンがその後に展開する奴隷権力によるコンスピラシー論と相まって、民主党、南部にとっては北部の強硬対決路線を如実に示すものであった（リンカンの演説がそのように受けとめられた理由として、その直後にリンカンの演説に触発されてなされたと推測されるスューワッドの演説があった。南北対決的な色彩の濃いその演説は「抑えがたい対立 irrepressible conflict」という表現を用いていた。そしてスューワッド自身は、この演説のもつ過激な印象のゆえに、大統領となるチャンスを逃すことにもなる）。民主党、南部のリンカンについての見方はすでにこの時点である程度まで固まることになる。民主党内ではダグラス派とブキャナン派との間に対立があったが、イリノイ民主党はもとよりダグラスの影響下にある。こうして、リンカン・ダグラス論争の展開の環境条件が整った。

リンカン・ダグラス論争の展開

いわゆるリンカン・ダグラス論争とは、五八年のイリノイ州議会議員選挙が行われた後に同州議会が選ぶべき連邦上院議員の席をめぐって、リンカンとダグラスとが同年夏から秋にかけて、同時同場所で展開した一連の演説のことをいう。連邦上院議員の選任は州議会議員による間接選挙であったため、党が州議会議員選挙に先立って上院議員候補を決め、彼ら候補者が州議会議員選挙の前に独自の選挙活動をするというのは、それ自体まったく異例のことであった。そのため、州議会議員選挙があたかも連邦上院議員選挙であるかのような奇妙な様相を呈することとなるのであった。

リンカンとダグラスがともに奴隷制に関する北部の代表的見解の主唱者としてすでに対立していたこと、少なくともリンカンはダグラスに対して特別の競争心を燃やしていたこと、ふたりにはこの選挙に勝利すべき特に強い理由があったこと等が、この異例の選挙活動を支える理由となっていた。リンカンにとっては、五五年の上院議員選挙以来、この選挙での勝利はまさに悲願であり、この悲願の達成は同時にダグラスの追い落としというひとつのねらいの成就を意味していた。

他方、ダグラスにとっては、キャンザス・ネブラスカ法によっていったんは頓挫した大統領への夢を実現するにはまずこの選挙に勝利することが絶対の条件であった。しかし、ブキャナン政権との対立によって、民主党主流派（南部民主党派）からは支持よりはむしろ妨害を受けるまでになっており、勝利は容易ならざる状況にあった。ダグラスには、共和党員の一部をみずからの支持へと取り込む必要があった。

リンカン・ダグラス論争のきっかけは、同年七月上旬、ダグラスがイリノイ入りし、事実上の選挙戦が始まると、リンカンがダグラスの遊説地を後追いするように遊説して回り、ダグラスの演説に対して逐一その批判を展開したことにある。ダグラスはこの奇妙な事態に直面して、不本意ではあったが、リンカンとの共同演説会をもった方が得策であると判断したのであった。

こうして実現した共同演説会とは、五八年八月から一〇月までの間に、イリノイ州内の下院議員選挙区九区において各一回実施する（実際には、すでに共同演説会をもったのと同じようなことになっていたシカゴとスプリングフィールドの二区を除いて、七区で七回の共同演説会がもたれた）、各演説会は時間を三時間とし、各自の持ち時間は九〇分、主演説に六〇分、対抗演説に九〇分、再対抗演説に三〇分を当て、主演説、対抗演説は毎回担当を交代する、というものであった。

リンカン・ダグラス論争の争点

論争のテーマについて特段の申し合わせはされなかったが、それは自ずと奴隷制問題に集中する。キャンザス・ネブラスカ法、ドレッド・スコット事件連邦最高裁判決に反対するリンカンの主張は、大意、①黒人も独立宣言のいう「人」として、最小限の自然的権利を享受する、②奴隷制は道徳的な悪であり、最終的には消滅すべきものである、③奴隷州の既存の奴隷制に対しては積極的な干渉はせず、ただ自然的な消滅を待つ、④領土への奴隷制の新規拡大は認めない、というものであり、共和党の穏健中道派を代表するものであった。先のピオリア演説の立場と大きく異なるところは何もない。

ダグラスの主張の基本は、奴隷制の拡大いかんの問題は住民にその選択を委ねればすべて解決するという住民主権論（popular sovereignty）にあり、それ以上に特に奴隷制への関心のひろがり、奴隷制への省察等は見られなかった。もとより黒人奴隷に対する同情心などはない。ダグラスのエネルギーの主要部分は、もっぱらリンカンの見解の矛盾、難点の指摘、批判、揶揄等に向けられていた。

ダグラスがリンカンの議論は人種の混交を招くものであるとし、リンカンを黒人共和主義者（Black Republican）と非難するのに対して、リンカンは、ダグラスの住民主権論は奴隷制に関する倫理的な判断を決定的に欠如した議論であるとして対抗する。

リンカンはまた住民主権論とドレッド・スコット事件連邦最高裁判決との間の整合性いかんを問うが、ダグラスは、両者は特に矛盾はしない、同判決によって住民主権論が否定されることはないと答える。その理由説明とは、「連邦、州は、領土から奴隷制を排除する権限を有しない」との最高裁判決によっても、奴隷制の維持に必要とされる奴隷法その他の必要ルールの設定は実際には領土、州の意思に依存せざるをえず、住民の意思を無視した奴隷制の存在は結局はありえないからということであった（この見解は、フリーポートの演説会で表明されたため、一般にフリーポート・ドクトリンと称される）。

民主党主流派はこの問題について、「州に規制権限がない以上、州がもたない権限を住民に委任することはありえず、最高裁判決は住民主権論を否定している。つまり、領土への奴隷制の進出は完全に自由であって、これに対してはいかなる制限的条件も付されえない」と考える。フリーポート・ドクトリンは、すでに顕在化していたダグラスの南部民主党からの離反をさらにあからさまにする。

もともと州の北部は東部からの移住者、州南部は南部出身の移住者が多数を占めており、州そのものが政治的、文化的に南北対立の縮図の様相を呈していたイリノイ州の選挙の帰趨は、州中央部からどれだけ票を集めるかにかかっていた。両候補はこの地域を中心に全力投球の選挙戦を展開するが、それが州外、東部のいくつかの有力紙によって連日報道されるという過熱した選挙状況が現出する。

同年一一月の州議会議員選挙の結果は民主党の勝利であった。州全体では共和党の得票数が民主党のそれを数千票上回っていたが、民主党は改選対象となっていない州上院議員を多数擁していたことなどから、州議会議員数としては民主党の方が共和党をなおわずかに上回ることになり、ダグラスの勝利がここに事実上決まる。五九年一月、イリノイ州議会は五四対四六でダグラスを正式にイリノイ州の連邦上院議員に選任し、リンカンは悲願であった上院議員の席を再度逃すこととなった。

リンカン・ダグラス論争の意義

リンカン・ダグラス論争には時を超えて生き残るほどに理論的価値のある特段の中身はなかったが、論争それ自体は、候補者の政治的な野心、使命感と草の根の大衆のエネルギーとが見事にかみ合い、その帰趨いかんは社会の熱狂的な関心を呼んだ。アメリカ民主主義の長所と問題点とが見事に浮き彫りにされた選挙戦、演説合戦であった。

選挙の結果は民主党候補ダグラスの勝利に終わったが、その後の歴史はリンカンこそが真の勝利者であったことを教えている。ダグラスは接戦の中、薄氷を踏むような危うい勝利を得、かろうじて次期大統領への野望をつないだが、この勝利によっても民主党内でのその立場を補強し直すことはできなかった。というよりは、そのフリーポート・ドクトリンによってブキャナン政権、南部民主党との間の溝をさらに大きくした。ダグラスは五八年一二月、ついに上院領土委員会の委員長の任さえ解かれることになる。

他方、リンカンは本選挙を足がかりにして、ようやく全国区の政治家となる。選挙直後の五九年二月、ニューヨーク州、ニューイングランド地方へ遊説旅行をするころには、六〇年大統領選挙でのシリアスな候補者として認知されはじめ、みずからもそのことを意識するようになっていた。リンカンの政治家としての飛躍を支える最も大きな力となったのは、その終生のライバル、ダグラスにほかならなかった。

第五章　リンカンの大統領就任と南北戦争の勃発

リンカンは、リンカン・ダグラス論争を経て全国的にもある程度の知名度を築くが、六〇年大統領選挙の共和党候補者指名レースではなおダーク・ホース以上の存在ではなかった。が、イリノイ・チームの州一丸となっての周到な事前工作が奏功し、リンカンは本命のウィリアム・スューワッド（ニューヨーク州）をさしおき共和党大統領候補に指名されることに成功する。民主党が事実上南北に分裂し、それぞれが異なる候補者を立てたため、共和党内での候補者指名の獲得はほとんど本選挙（一般投票）での勝利を意味していた。

リンカンが実際に当選すると、北部社会の希望的観測とはうらはらに、サウスキャロライナをはじめとする深南部諸州が次々に連邦からの離脱を宣言する。それらの脱退州は六一年二月、南部連合（Confederate States of America）を結成し、連邦とは別の独立国家になったと主張する。各脱退州はその間にも自州内にある連邦の要塞、武器庫その他の連邦施設・財産を州の支配下に移し、南部出身の連邦議会議員、軍人たちも大量に連邦から去って行く。ブキャナン政権が事態の進行を阻止するために何かをする気力、体力はなく、議会にも有効な解決策を提示するだけの力はない。

次期大統領リンカンの事態への介入を期待する声が高まるが、就任式前のリンカンにできることはない。六一年三月五日、ホワイトハウスでの執務初日にリンカンを迎えたのは、サウスキャロライナ州チャールズトン湾口のサムター要塞守備隊長からのSOSの要請であった。これに応えて連邦が救援隊を出せば、南部連合との間に武力衝突が起きるのはほぼ必然であった。見殺しにすれば、連邦の権威はさらに地に落ちる。連邦の実務、軍の実情を知らず、そもそもワシントン、ホワイトハウスの政治文化、儀礼の洗礼さえもいまだ受けていないリンカンにとって、眼前の課題はあまりにも重い。

本章では、リンカンが大統領候補指名を受けるところから、大統領としてサムター要塞への補給断行を決断し、そのほぼ必然の成り行きとして南北戦争に突入してゆくまでの経過を概観することになる。

リンカンの全国的政治家への変貌

リンカンは一八五八年、イリノイ州の上院議員選挙に五五年に続いてふたたび敗れる。敗北のあとには経済生活の立て直しという現実的な必要が待っていた。リンカンは無念の思いを捨て切れないが、政治家リンカンとしてはみずからの内になお開発されずに眠ったままの力のあることを発見し、むしろ自信を強くする。リンカン・ダグラス論争では演説の技量、質のいずれの面でも豪腕の論客ダグラスと少なくとも互角に戦い、奴隷制拡大の絶対反対という共和党の核心的なスタンダードをいっさいの妥協なく説得的に主張しとおせたのである。

リンカンはいまやイリノイ州共和党だけでなく共和党全体のニューリーダーのひとりとして、党の内外で認知されるまでになる。五九年に入ると、州外から講演を依頼され、他州の政治問題、共和党中央の政策問題について意見、助言を求められる等の機会が増えてゆく。五九年の夏から年末にかけてリンカンは、アイオワ、オハイオ、インディアナ、ウィスコンシン等の中西部州一円を遊説して回り、さらにキャンザスでも二回にわたって講演活動を展開していた。

そうした活動のひとつ、同年九月のオハイオ州での講演は、スティーヴン・ダグラスによって触発されたものだった。ダグラスはその直前に住民主権に関する大論文をハーパーズ・マガジンに発表し、その後それについてオハイオ州を講演して回っていたが、これに反応した同州の共和党関係者がダグラスに対抗するための講演をリンカンに依頼したのであった。

これを受けてリンカンは、ダグラスを一週間遅れで後追いする形で、コロンバスなどオハイオ州三都市においてダグラスの住民主権論を批判する対抗講演を行っている。それは前年のリンカン・ダグラス論争を想起させるものであったため、リンカンはあらためて全国的な注目を浴びる。同年一〇月に行われたオハイオ州の地方選挙では共和党に有利な結果となった。リンカンの演説がオハイオ州選挙の勝利の一端に寄与したとして、リンカンの声望は確実に高まっていった。

大統領候補としての評判の高まり

リンカンは六〇年大統領選挙の候補者のひとりであるとする声は、すでに五九年の春ころにはイリノイ州内のいくつかの小新聞の大胆予測として出はじめていた。リンカンははじめ、ダグラスの任期が終わる六四年に再度イリノイ州選出連邦上院議員をめざすことを当面の政治目標として設定していた。

大統領選への挑戦については、識見、経験、人脈、知名度等々のすべてを欠く自分にはそもそも縁のないものと考え、しばらくはまともに取り合うことを避けていた。全国的には「中西部プレーリーの田舎弁護士」という以上の評価を受けているとは思えなかったのである。が、自分に対する社会の評価、期待が高まっていくのを実感するとともに、リンカン自身の意識、自己評価にも変化が生じる。みずから進んで口にすることはなおなかったが、リンカンは同年秋には、自分を大統領候補として担ぎ出す動きが確かなものであるならば、少なくともそれに反対する理由はないと考えるようになっていた。

五九年一〇月、奴隷の反乱蜂起をねらいとして、極左的な奴隷制廃止運動家ジョン・ブラウンがヴァージニア州ハーパーズ・フェリーの連邦武器庫を襲撃するという事件が発生する。ブラウンは同年一二月、早々と絞首刑に処されるが、事件は社会を震撼させ、南部社会を恐怖に陥れた。

ブラウンの同襲撃事件との関連で、共和党の最有力大統領候補と目されていたスューワッドが批判の矢面に立たされる。南北の対立状況についてスューワッドが用いた表現、「抑えがたい対立 irrepressible conflict」が挑発的であり（その表現は、リンカンの「分断された家」演説に含まれたイメージから生まれていた可能性が高い）、こうした過激な事件を誘発したとの批判が出てくる。ほとんどいわれのないとばっちりではあったが、スューワッドの政治的な勢いにブレーキがかかる。ということは、党内におけるより無難穏健な大統領候補の模索の動きが強まることを意味していた。

同年一二月、翌年の共和党全国大会の開催地がシカゴに決まる。それは地元候補（favorite son）となるリンカンにとって、大きな期待を抱かせる決定であった。同じころ、ペンシルヴェニアの新聞社からリンカンの特集記事を出すのに情報が欲しいとの申出がリンカンのもとに寄せられる。リンカンは求めに応じて、自己紹介風の簡単な自伝を書くが、それがその後、全国の共和党系の新聞に広く掲載される。こうした事情のすべてが、リンカンの大統領への挑戦を促し、助ける方向に働いた。

イリノイ州共和党によるリンカンのバックアップ

年が明けると、イリノイ州共和党中央委員会議長のノーマン・ジャッド、判事デイヴィッド・デーヴィスら、法律家仲間一〇人余が中核となって、リンカンを大統領に推す運動が正式に発足する。当時イリノイには、春と秋の年二回、各八週間程度の期間で、裁判所が州内各地域を回り、数日ずつ法廷を開いてゆく（巡回裁判所 circuit court）制度があった。この裁判所のツアーに参加する裁判官、弁護士たちは一団となって移動するのが常であり、夜になるとしばしば、ツアー参加の法律家たちの賑やかな談論風景が見られることになる。小さな町では寝所を確保するだけでも大変で、ひとつのベッドに判事、弁護士がいっしょに寝るなどということもあったという。こうした法律家仲間が、夜の談論の主役、人気者のリンカンを大統領にしようというのであった。

彼らリンカン支援グループの読みによると、五月に開催予定の共和党全国大会において、リンカンが第一回投票で第一人気のスューワッド（ニューヨーク州）を越えることはむずかしいが、スューワッドが過半数の票をとる可能性もまた小さい。リンカンの勝機は第二回投票以降に反スューワッド票をどれだけリンカン側に集められるかにかかっている。したがって、リンカン勝利のための作戦は、まず、第一回投票でイリノイ共和党が一丸となってリンカンを盛り立て、二回目以降の投票については、他州代議員の協力約束を事前に取り付けておくこと、となるのであった。

ジャッドらはまず州内で、スューワッド、サーモン・チェース（オハイオ州）らを支持する州北部の共和党ラディカル派、党内最保守のエドワード・ベイツ（ミズーリ州）の支持に傾く州南部の保守派を、穏健中道のリンカン支持に一本化するための説得工作に全力を傾注する。

リンカンは、その間の六〇年二月末、講演依頼を受けてニューヨークに赴き、その後ニューハンプシャーで勉学中の長男ロバートに会う名目のもとに三週間弱をかけて、ニューイングランドに足を延ばし、各地で計一〇回の講演を行う。それらは実質的な選挙活動の意味をもっていた。最初のニューヨーク市内、クーパー・インスティテュートでした演説は、「奴隷制の拡大阻止は建国の父祖たちの意思であった」ことを歴史資料を用いて克明に跡づけ、奴隷制の領土への進出に対する連邦の不干渉主義、ダグラスの住民主権論の誤りを主張するものであった。

同演説は翌日、ニューヨークの主要四新聞に全文が掲載され、その後はパンフレットに作り替えられ、広く全国的に読まれることになる。スューワッドの膝元、ニューヨークでのリンカンの快挙により、いまやリンカンはプレーリーの泡沫候補などではなく、まじめに考慮されるべき共和党の有力大統領候補となっていた。ニューヨーク市では、リンカンは、のちに南北戦争の写真で名をあげる写真家（マシュー・ブレディ）のスタジオを訪れ、選挙用の写真の撮影も済ませていた。

リンカンが大統領候補となるのにクリアすべき最初の難関は、五月一〇日にディケイターで開催されるイリノイ州共和党大会で党一丸の支持を得ることであった。党内にはシカゴ市長、州知事の候補者選定などをめぐって不協和音もあったが、州内の大統領候補はリンカンだけであり、リンカンが党内多数の支持を得るのは簡単であった。問題は、ラディカルな州北部、保守的な州南部を含めて全代議員一致でリンカン支持が決議されること、この決議にしたがって、全国大会でイリノイ州代議員の二二票がすべてリンカンに投じられるようにすることであった。

イリノイ州共和党の一致結束は、リンカンに候補者としての勢いを与えるはずであったが、かりにリンカンが全国大会で惨めな敗北を喫したとなると、逆にイリノイ州の威信を大きく傷つけることにもなる。州大会では、リンカンの従弟らが二本の古びた材木を抱えて会場を練り歩き、喝采を浴びるというハプニングがあった。持ち込まれたのは、リンカンが三〇年前、イリノイ州の開拓農民だった父親とともに挽き割った木柵の横木とされるものであった。リンカンはその青年期、弁護士時代を通じて「正直者のエイブ Honest Abe」の愛称を得ていたが、いまそれに「丸太割り Railsplitter」が加わって、リンカンの庶民（common man）性がいっそう強調されることになり、たしかにリンカン支援の雰囲気は高まった。

決め手となったのは、同年二月のクーパー・インスティテュート演説のようであった。同演説が東部で得たリンカンへの高評価がひるがえってイリノイ州共和党を動かし、ついにイリノイ共和党によるリンカンの組織的、全面的な支持が実現する。そしてその背後には、リーダーとしてのリンカンの非凡な人格的資質も働いていた。リンカンには側近の各メンバーに対して、自分こそがリンカンの最大の信頼を受け、最も必要とされている人間である、あるいは、自分の助けがなければ、リンカンはうまくやっていけない、と巧まずして信じ込ませる特別の才能があるようであった。

一八六〇年共和党全国大会とリンカンの大統領候補者指名

イリノイ州共和党大会の一週間後に、シカゴで共和党全国大会が開かれた。フロントランナーのスューワッドには、奴隷制問題で過度に攻撃的である、貿易、移民政策等が自由主義的にすぎ、ペンシルヴェニア、インディアナ、イリノイ等、前回大統領選でフリーモントが失った重要州で勝てない見込みが強いなどの弱点があったが、投票ではやはり前評判どおりに強かった。第一回投票では総数四六六票のうち一七三・五票を取って一位となり、一〇二票で二位のリンカンを引き離していた。

しかし、イリノイの代議員グループにとっては事態はすでに織り込み済みであった。事前の説得、背後での役職その他の利益による誘導等が功を奏し、第二回投票ではペンシルヴェニアがリンカン支持にまわり、投票結果はスューワッドの一八四・五票に対して、リンカンが一八一票にまで迫る。そして第三回投票では票を伸ばせないスューワッドに対してリンカンは二三一・五票とスューワッドを大きく追い越し、過半数まであとひと息となる。この段階でオハイオがその票をリンカンにスイッチすることを表明し、その他の州もすぐさまオハイオにしたがったため、リンカン支持が合計で三六四票にまで達し、大勢が決した。最後にはスューワッド支持者もすべてリンカン支持にまわり、最終的には大会一致で、リンカンが六〇年大統領選挙の共和党候補者に指名される。

リンカンの勝利には党大会がシカゴで開催されるという幸運が寄与していたが（大会開催地をシカゴにするかセント・ルイスにするか、共和党全国委員会で意見は分かれたが、ジャッドの誘導でシカゴが決まったといわれている）、基本的には、奴隷制の拡大反対という反奴隷制の立場をとるすべての人びとが受け入れることのできる最低位目標を設定しこれを守り抜いたリンカンを、イリノイ州代議員が見事な結束によって支持したことにあった。

民主党大統領候補者の分立

共和党大会におけるリンカンの指名が若干の驚きを呼んだとはいえ、比較的スムースに進行したのに対して、民主党の候補者選びは困難を極める。ダグラスと南部民主党との関係はキャンザス問題をめぐってすでに極度に悪化していたが、その関係の修復のないまま、六〇年四月末のサウスキャロライナ州チャールズトンの党大会にいたっていた。大会が途中で空中分解するのではないかとの危惧が開催前からありはしたが、現実はまさにそのとおりに展開する。

大会綱領の策定の段階に至って、領土における奴隷制を守るために、「連邦奴隷法」を制定すべきだと主張する深南部の代議員五〇名（南部民主党の最強硬派、いわゆる fire-eater）が大会から途中離脱する。そのため、一週間に五七回の投票を繰り返すのであったが、それでもダグラスは規約上必要とされる代議員三分の二の支持を得ることができない。民主党は六月半ば、メアリランド州ボルティモアで党大会を再度開催することとしたが、ボルティモアでもまた南部民主党員が大会から途中離脱する。結局、ボルティモアでふたつの民主党大会がもたれることになり、そのそれぞれが大統領候補を指名する。北部民主党の支持するダグラスと、南部民主党の推すジョン・ブレッキンリッジ（ケンタッキー州出身でブキャナン政権の現職副大統領）であった。

六〇年大統領選挙の候補者がここにようやく出揃った。共和党のリンカン、北部民主党のダグラス、南部民主党のブレッキンリッジであり、それに加えて、リンカンが候補者に指名される前にすでに大統領候補となっていた憲法連邦党（Constitutional Union Party）のジョン・ベル（テネシー州出身の上院議員。ウィリアム・ヘンリー・ハリソン、ジョン・タイラー両政権の軍事長官）であった。

一般投票におけるリンカンの勝利

六〇年大統領選挙の争点はもっぱら奴隷制問題である。共和党が奴隷制の領土への進出の無条件阻止、北部民主党が住民主権による問題解決をいうのに対して、南部民主党は逆に連邦法による領土の奴隷制の保障を主張する。憲法連邦党は奴隷制問題に関わることこそが連邦の存続を危うくするとして、奴隷制については沈黙し、南北の妥協だけを主張する。選挙の行方は、民主党候補が分立することになった段階で事実上リンカンの勝利にほぼ決まったが、同年一〇月の各地方選挙での共和党の勝利がさらにその見込みを強くした。有権者の数からして、南部民主党が南部票だけで勝てる余地はなかった。

大統領選挙では候補者自身は選挙活動はしないという慣例があり、さらに周囲の助言もあったため、リンカンは党大会開催中もその後もスプリングフィールドにとどまり、静かに事態の推移を見守っていた。これに対してダグラスは、慣例を無視して、積極果敢に深南部一円を遊説して回る。すでにリンカンの勝利を見越していたダグラスは、深南部諸州が選挙の敗北後にその言葉どおりに連邦から離脱するのをおそれていた。連邦の瓦解阻止のために懸命に深南部を説得して回るダグラスの姿には、孤高の憂国の士の趣があった。

六〇年一一月の選挙の結果は、選挙人の獲得数からするかぎり、リンカンのほぼ圧勝に終わる。リンカンは、選挙人三〇三人中の一八〇人を得ていた。とはいえ、投票率が八〇パーセントを超える一般投票におけるリンカンの得票率は四〇パーセントをわずかながら下回る低率であり、南部からの得票は総得票数二〇〇万弱のうちの二パーセントにも達していなかった。リンカンはそもそも南部一〇州において立候補手続さえとっていなかった。

他方、リンカンは北部州、および太平洋岸州のカリフォーニア、オレゴンではすべて勝利しており(ただし、ニュージャージー州ではダグラスが選挙人七人のうち三人を獲得)、その大統領当選は北部州、自由州の支持のみによっていた。一般に南部が新大統領リンカンを、北部だけが選択した地域的な代表であって、彼の政治によっては南部の意思、南部利益は実現されようがないと受け止めたのは理由のないことではなかった。心ある市民はユニオンがこれからどうなってゆくのか、その先行きに多大の不安、危機感を抱かざるをえなかった。

サウスキャロライナの連邦離脱

深南部の諸州は、リンカンが当選すると、選挙前から予告していたとおりの行動にすぐさま着手する。連邦からの脱退である。先頭に立ったのはここでも、長らく奴隷制を利しての繁栄を誇り、歴史的にもつねに奴隷制擁護の急先鋒、最強硬派として行動してきたサウスキャロライナであった。

サウスキャロライナがとった手続はその行動の異常性とはうらはらに、それなりに周到であった。選挙直後の六〇年一一月一〇日、サウスキャロライナ州議会はまず、同州の連邦からの脱退の可否を決するための州民大会の開催を決定する。この決議にしたがい、一二月六日、州民大会のための代議員選挙を実施し、一二月一七日、選挙で選ばれた代議員による州民大会を州都コロンビアで開催する。ところが、大会中に同地で天然痘流行のきざしがみられたため、大会会場を急遽チャールズトンに移す。そして一二月二〇日、大会は、同州が連邦から脱退する旨の脱退条例(Secession Ordinance)を一六九対〇という驚くべき多数で可決し、同二四日には、アメリカ独立宣言に擬して、脱退理由を説明する宣言を採択する。

同宣言は相当に大部の文書であったが、その主要部分は、北部諸州による連邦領土からの奴隷制締め出しの試み、逃亡奴隷の返還に関する非協力等、南部に向けられた北部の敵意、敵視策が建国時の諸州間の盟約に反するとの非難によって占められていた。サウスキャロライナは、他の奴隷州が続いて連邦から脱退することを期待して、脱退文書をその他の奴隷州に送り付ける。

サウスキャロライナの見解によると、連邦とは合衆国憲法を中身として同州が他州との間で結んだ盟約に外ならなかった。州が連邦から脱退するとはその盟約の解消であるから、州が脱退に際してとるべき行為の相手方は合衆国ではなく盟約の当事者たる他州であった。それは連合会議時代の古典的な州権論、つまり、州による主権の全面的留保を前提にしていたが、かりにこの見解に立つとしても、理論上、サウスキャロライナが通告だけで一方的に盟約から離脱しうるかはなお疑問の残るところであった。

盟約の中身たる合衆国憲法は州が連邦から脱退する事態を想定してはおらず、脱退に関して定めるところはない。そのことは、理論的にはむしろ脱退の否定に働きそうであった。州の一方的宣言による脱退が連邦の権威、利益を著しく傷つけることはいうまでもない。しかし、脱退宣言を敢行したサウスキャロライナは、引き続いて、州内に存在する連邦の施設、財産の接収等に着手する。さらに、平和裡の問題解決のためと称し、条約の締結などを求めてワシントンに使者、使節を送り込む。これに対して、首都にいる同州その他の南部州出身上院議員たちが声援を送るという奇妙な政治状況が生じる。

ブキャナン政権の事態への対応

これに対して、ブキャナン政権、連邦議会は何をしたか。まず、キャンザス問題で奴隷制推進派を支持して、共和党のみならず北部民主党とも決定的に対立し、大統領選挙においてもダグラスではなくブレッキンリッジを支持したブキャナンには、大統領に通常期待されるような指導力、影響力が決定的に欠けていた。

しかし、それ以前に彼にはそもそも何をすべきかがよくわかっていなかった。かりにわかっていたとしても、それを行動に移すだけの意志力をもたなかった。レームダック大統領としての責任回避意識も作用していた。ブキャナンは年次方針演説で、サウスキャロライナの脱退は違法だというが、同時に、現時の難局は奴隷制に対する北部の性急な干渉が招いたものであり、大統領に州の脱退を阻止する権限はないなどともいい、その見解は不明瞭きわまりなかった。

年が明け、政権内の南部閣僚がすべて辞任すると、ブキャナンは気を取り直し、「連邦財産は維持する」「法の執行は貫く」など、多少は政策らしいことを表明するが、その実現に必要な軍隊の増強、大統領への特別権限の付与等の措置について議会の協力を求めるなどのことはいっさいなく、政策は言葉だけにとどまっていた。

脱退州の南部連合への結集

その間にも奴隷州の脱退の動きは進行し、事態はますます困難になってゆく。まず六一年一月上旬、ミシシッピ、フロリダ、アラバマの三州がサウスキャロライナと同様の手続を践んで、サウスキャロライナほど劇的ではないが、圧倒的な多数で連邦脱退を決議する。一月の下旬にはジョージア、ルイジアナがこれに続く。さらに二月に入ると、テクサスも脱退を決議し、南部奴隷州一五州中の深南部七州が脱退手続を完了する。その前後には、脱退州から選出されていた連邦の上下両院議員の大多数が、さらには連邦陸軍で要職を占める南部出身軍人の多くが職を辞してゆく。それと歩調を合わせ、各脱退州は自州内にある連邦の要塞、武器庫その他の連邦施設、財産等を州の管理下に組み入れる。

脱退州の南部連合への結集

これらの脱退州は、二月四日、アラバマ州モントゴメリーに集結し、ジェファソン・デーヴィスを大統領とする南部連合（Confederate States of America, CSA）を結成し、翌月には合衆国憲法に酷似した南部連合憲法も制定する。外形的には、合衆国連邦に対抗する新連邦国家が誕生する。六一年四月、南北戦争が開始すると、ヴァージニア外四州がさらに連邦を離脱し、南部連合に加入する。

結局、南部の一五奴隷州のうち一一州が南部連合に加入し、残るデラウエア、メアリランド、ケンタッキー、ミズーリの境界南部奴隷州四州だけが連邦にとどまることになる。とはいえ、これら四州は連邦に忠誠を誓っているわけでは決してなく、連邦内にあっていつでも南部連合側につきうるという、微妙な中立のスタンスをとっていた。

オーソドックスな憲法論によれば、奴隷州の連邦脱退は連邦主権を侵害する謀反、反乱、反逆に外ならないが、脱退州は、州主権あるいは革命権の行使として脱退は正当であるという。かつての北米植民地のイギリスからの独立が正当化されるのと同じように、脱退州の行為は正当化されるという。

協議による平和的な解決が見いだせないとなれば、連邦の立場からは、法執行という名の実力行使によって事態を阻止するのが過去の例であった。かつて一八二〇年代の末年から三〇年代の初め、サウスキャロライナが国の定める関税が高率にすぎるとしてこれに反対し、その無効化宣言(nullification)をしたとき、大統領アンドリュー・ジャクソンは軍隊の動員によって同州を恫喝し、関税を守り抜いた。しかし、ドウフェイス(Doughface)のブキャナンに、ジャクソンのような胆力、荒っぽい行動力はない。

連邦議会における危機回避策の模索

ブキャナン政権の無為を前に、六〇年一二月に招集された第三六回連邦議会第二会期の議員たちは何をしようとしたか。民主党は南北に割れ、連邦離脱を支持する南部民主党と北部民主党とが共同行動をとるようなチャンスはありえなかった。共和党は、脱退州の議員たちが連邦議会を去るまでは、上下両院のいずれにおいても少数派であるうえ、内部的には混成部隊の過去を引きずり、容易に一枚岩にまとまれない。そして会期は六一年三月までと限られている。

この短い期間内に、議会に多数意見が形成され、何かが決められるということはきわめて困難であった。サウスキャロライナの連邦離脱方針が明らかになるや、両院はそれぞれ特別委員会を設置して対応するが、まず委員会で見解をまとめることができない。アド・ホックの全国国民大会を開く、大統領に特別権限を付与する、脱退州内になお残っている連邦支持派の支援、強化を図る、奴隷制に関して憲法を改正する等々、議論は百出するが、何もまとまらない。

こうした諸議論の中で議会が最も長い時間をかけたのは、連邦に残る八奴隷州をまずは連邦につなぎとめておくための北部の譲歩策の検討であった。脱退州が奴隷制の危機を理由に連邦を脱退している以上、あるべき譲歩の内容は、奴隷制の将来に関して南部の抱く不安の除去となるのが自然である。それはすなわち、憲法による奴隷制の積極的保障である。いくつかの憲法改正案が提案されるが、最も注目されたのは、ケンタッキー州上院議員ジョン・クリッテンデンの提案である。それは、憲法改正六点と四つの決議を内容とする大部なものであった。

クリッテンデン提案の主要点は、領土の奴隷制に関してはミズーリ妥協線を復活させる、連邦議会はメアリランド、ヴァージニアの同意なしに首都ワシントンの奴隷制を廃止することはできない、連邦議会は州際奴隷取引に干渉できない、これらの憲法改正がなされたときは、改正憲法条項は将来ふたたび改正することができない、とする点にあった。さらに決議案は、逃亡奴隷法は合憲であり、同法の有効性を削ぐために自由州が制定する人身の自由法等は無効であるなどとしていた。このクリッテンデン案は、北部の譲歩のあり方を示すモデル案としてその後の議論に影響を与えはしたが、もとより共和党議員の間でこれが受け入れられる見込みはほとんどなく、上院はすぐさまこれを廃案にした。

奴隷制を保障するコーウィンの憲法改正案

下院では、特別委員会（三三人委員会）の委員長、オハイオ州のトーマス・コーウィンを中心に検討が進められるが、ここでも議論は容易にまとまらない。会期終了直前の六一年二月二八日になってようやく、クリッテンデン案にもその発想のあった、奇妙な憲法改正案が三分の二以上の多数の支持によって承認される。それは、「州の奴隷制を廃止し、あるいはこれに干渉する権限を連邦議会に対して与えるいかなる憲法改正もなされてはならない」というものであった。その意は、平たくいえば、既存の州奴隷制は今後も尊重され、これを否定するような憲法改正は将来にわたってなさないということである。それは奴隷制の永久的保障という、およそ時代にそぐわない法外な代物であったが、「州の奴隷制は保障される」とする共和党綱領の立場からしても、かろうじて受け入れ可能な範囲に収まっていた。

一般にコーウィン改正案と呼ばれるこの憲法改正案は、直ちに上院の審議に回され、会期終了の直前、リンカンの大統領就任式の二日前の六一年三月二日、上院でも特別多数の支持を得る。憲法改正案がここに正式に成立する。各州による批准手続を終えれば、最終的に憲法修正一三条となるはずであったこの改正案は、大統領の交代期にあわただしく各州議会に送られる。これに応じていち早く若干の州が批准を終えるが、南北戦争の勃発とともにその後の手続の進展は途絶え、改正案は事実上立ち消えとなる。

後に、実際に憲法修正一三条となった憲法改正の中身は歴史のドラマ性を見事に物語るものとなる。南北戦争の勃発、六二万人の多数の兵士の戦死、黒人の戦争参加、リンカンの奴隷解放宣言、南部連合の北ヴァージニア軍司令官ロバート・リーの無条件降伏等々の階梯を経て戦争が終結した後の六五年一二月に誕生した憲法修正一三条は、まさに奴隷制を永久的に廃止するものであった。

コーウィンの憲法改正条項が南部州の脱退阻止、戦争回避に無力であったことは、その後の展開が示すとおりである。そしてその無力は、すでに当初からほぼ予想されていた。にもかかわらず、それが正規の憲法修正一三条案にまでなった理由のひとつには、リンカン政権の国務長官になることがすでに知られていたウィリアム・スューワッドがこれを支持していたことが与っていた可能性が強い。スューワッドがリンカンの同意を得てコーウィン案を支持したという明確な事実は認められないが、スューワッドは確かにリンカンの意を受けて行動していたとの有力見解もある。少なくともリンカン自身、就任演説においてこの改正案には反対しないとの立場を表明していた。

ワシントン平和会議

南部州の連邦脱退という異常事態の阻止、改善に取り組むいくつかの動きの中で社会的に大きな注目を集めたのが、六一年二月四日、首都ワシントンで開かれた平和会議(Peace Conference of 1861)であった。元大統領ジョン・タイラーを代表にすえた同平和会議はヴァージニア州がスポンサーとして企画し、全州に対してその参加を呼びかけたものであった。

この呼びかけに応じて、リタイアした元政治家たちを中心に、二一州から有志一三一人が超党派的に集まり、三週間余にわたって事態の打開策を協議する。その会場となっていたウィラードホテルには、二月二三日にワシントン入りしたリンカンが、ホワイトハウスに移るまでの間投宿することになる。リンカン滞在中も、会議は続けられており、一部の会議出席者とリンカンとの間に若干の接触があったようであった。

平和会議は、しかし、深南部からの参加者がなく、政治的な影響力、政治の現実感覚を欠いた高齢者が多数を占めていたなどのため、特段の妙案の発見、提案などはとうていかなわなかった。鳴り物入りで開かれた会議であったが、六一年二月二七日、クリッテンデンの妥協案に酷似した内容の提言をして、その存在をまっとうする。社会が同会議に対して抱いたかすかな期待が実を結ぶことはなかった。

リンカンの大統領就任準備

リンカンは、六〇年一一月六日、一般投票で過半数の票を得ることはできなかったが、過半数を大きく超える大統領選挙人を獲得し、次期大統領（president-elect）となった。もっとも、厳密に憲法に即していえば、リンカンは、別に選挙その他の方法で選ばれた選挙人の構成する大統領選挙人団による選挙が行われ（六〇年一二月五日）、その投票結果が議会で承認されてはじめて（六一年二月一三日）、法的に次期大統領となり、さらに六一年三月四日、連邦最高裁判所長官の主催する大統領就任式において就任の宣誓をしてはじめて権限ある正式の大統領となる。リンカンはその時点では史上二番目に若く（五二歳）、アルゲニー山脈以西の旧西部で生まれた最初の大統領であったが、そこに行き着くまでには一般投票後、なお四か月を待たなければならなかった。

日々悪化してゆく連邦の危機状況を前に、四か月の待機期間はいかにも間遠であったが（この点は、一九三三年の憲法修正二〇条により、新旧大統領の交代時期は一月二〇日正午、上下両院議員のそれは一月三日正午と改められた）、それはリンカンにとっては、大統領としての職責を有効に果たしうるための学習、準備期間としての意味をも持つはずであった。この期間をリンカンはいかに過ごしたのだろうか。

当選後、リンカンがさしあたりなすべきはリンカン政権の組閣であり、より一般的には政権発足後の政治のあり方を展望し、その準備をすることであった。一見、時間的ゆとりはありそうであったが、実際にはそうはいかなかった。リンカンが選挙用オフィスとして借りていた州庁舎内知事室は、選挙直後から連日膨大な量の郵便物が届き、おびただしい数の訪問客が祝賀のため、政府ポストその他の利権を得るためにやってくる。リンカンは私設秘書のジョン・ニコレイ、ジョン・ヘイとともにその応接に追われ、繁忙の日々は選挙中と変わらず続いてゆく。

危機対応についてのリンカンの沈黙

こうした繁忙は次期大統領が多かれ少なかれ経験するはずであったが、リンカンの場合には別に、次期大統領となった瞬間から強度の政治的プレッシャーがかかっていた。緊迫した脱退州問題はすぐにも手当てされなければならない状況である。これに対応すべきはまず大統領ブキャナンであるが、ブキャナンは問題対応への意欲、能力を欠き、ほぼ機能麻痺の状態にあった。

三か月の会期を残すだけでレーム・ダック状態にある議会にも、多くは期待できなかった。南北の各議員、民主党、共和党の各議員が入り乱れて喧々がくがくの議論はするが、それが有効な事態打開策に結実する見込みは薄かった。上下両院のいずれにおいても与党民主党は南北分裂状態で強力なリーダーを欠いており、他方、共和党はその誕生からして混成部隊であり、少数派のうえ、そもそも具体的な政策提言をするような与党的行動様式を持ち合わせていなかった。

こうした混迷の政治状況の中で、社会の注目はおのずとリンカンに集まる。脱退州問題についてリンカンはどうするのか。脱退州について法執行という名の強攻策をとるのか融和・妥協策を探るのか、あるいはなすがままに静観・放置するのか。新聞等は繰り返しリンカンの意見表明を求める。リンカンは、いまだ何の権限もない次期大統領であり、しかも脱退州問題について十分な情報をもたず時間をかけた検討もしていない段階で、早くも政治的に大きな期待と責任を負わされようとしていた。

リンカンの意見を求める社会各方面の強い要望にもかかわらず、リンカンはほぼ完全な沈黙を貫いた。沈黙はその間における事態の変化、脱退州における脱退反対派の巻き返しを期待するという意味合いを含んではいたが、その主たる理由は、政権発足前の中途半端な意見表明が南部に誤解、曲解され、事態をさらに悪くするのを避けたい、との考慮にあった。

リンカンはすでに当選直後に、自分の言葉が正しく受けとられず、不当に誤解されたという苦い経験をしていた。六〇年一一月下旬、イリノイ州選出上院議員ライマン・トランブルがスプリングフィールドで開かれる共和党の勝利祝賀会で講演するのを知り、リンカンは、自分の意見を求める社会の声に多少なりとも応える目的で、「奴隷制の維持について州が妨げられることはない」旨の一節をトランブルの講演中に付け加えてもらうが、これに関していくつかの新聞が、「共和党の原則の放棄だ」「南部への公然たる挑戦である」等、その意図、事実とはまったく逆の報道をしたのであった。これに懲りたリンカンは、以後、公的には、「私の見解は公表、出版されたこれまでの講演録に尽きている。それを参照されたい」として、それ以上のことには口を閉ざした。

リンカンの本音

しかし、かりにリンカンが政治的警戒、粉飾なしに率直にその意見をいえば、それは、「脱退州が考えを変えないかぎり、最後は実力による法執行で対応するしかない。南部が抵抗すれば、物理的衝突もやむをえない。北部の譲歩、妥協がなおありえなくはないが、領土への奴隷制の進出を認める妥協は絶対にない」旨のものになったに違いなかった。リンカンは、実際に友人等への私信においてこうした趣旨のことを述べていた。

リンカンにしてみれば、自身の大統領選出に欠けるところはまったくない。国民の多数が、「州は奴隷制維持の権利を有する。領土への奴隷制の拡大は許されない」とする共和党綱領を前提に、リンカンに投票したのである。南部の州がリンカンの当選を理由に連邦から脱退するのは憲法、民主主義のルールに正面から反する。脱退州は、あるいは建国時の盟約に反するといい、あるいは革命権の行使であるというが、およそ事実、憲法的な裏付けを欠く。一方的に脱退をいい、それのみか連邦施設、財産を接収し、関税を徴収、領得するのは反逆であり、これに対しては法の厳格な執行が求められる、という理屈以外の理屈はありえないのであった。

そしてこの理屈は、南部によっても当然理解されてしかるべきである。なぜ南部はこれを率直に受け入れず、連邦からの脱退という無謀無法な行動に出るのか。一八三〇年代以降、南部社会は人口増、経済発展、文化的な興隆等々、社会の諸面で北部におくれをとりはじめ、連邦政治におけるその影響力もまた一貫して減退してゆく。かつてヴァージニア王朝（Virginia Dynasty）といわれた、南部州ヴァージニアによる連邦政治の支配はすでに遠い過去の夢物語である。

南部社会の地盤沈下はそれ自体がプライドを傷つけるものではあったが、南部にとって何よりもがまんのならないのは、北部が南部を、奴隷制にしがみついた後進的な劣後社会ととらえ、北部の道徳的、倫理的な優越性を誇示することであった。リンカンは既存の奴隷制は維持されるというが、他方で、奴隷制は反道徳的制度であり、いずれは消滅すべきものと考えてもおり、つまるところ、南部社会を北部と対等のパートナーというよりは、いわば「お荷物」「厄介者」としてとらえていることにほかならない。リンカンが大統領になった以上、南部が奴隷制とともに育んできた南部独特の生活様式、価値観、文化もまた危機にさらされ、これを従前どおり維持してゆくには北部、連邦と訣別するしか道はない、というのが脱退州の偽らざる気持であった。

リンカン政権の組閣

もっとも、リンカンはこの時期、南部各州内のユニオン支持派による巻き返し、連邦への復帰の可能性にかなりの期待をかけていた。南北の武力衝突、戦争という暗い見通しには必ずしもとらわれておらず、そもそも南部社会の鬱屈した感情を正しく理解しているわけでもなかった。そうした中で組閣を進めるリンカンがまず考えたのは、党大会でリンカンと指名争いをしたスューワッド、チェイス、ベイツの三名に加えて、出身地域、政党派的前歴、大統領選での寄与度等を考慮して選んだ四名による挙党一致政権であった。リンカンは、一一月下旬に、次期副大統領ハンニバル・ハムリン（メイン州）をシカゴに呼び、トランブル、カール・シャーツをもまじえて協議し、その政権構想を固める。

もとより国務長官はスューワッドである。とはいえ、リンカンにとって各長官候補はほぼすべてが初対面であり、しかも政治家としての経験、実績、知名度等はリンカンを凌ぐ人たちであって、年齢的にも七名中六名がリンカンより年長であった。はたしてリンカンは彼らをうまく使いこなせるかが政権発足後の一大課題となるが、そのためにはまず彼らがリンカンの人事オファーを受けることが前提となる。リンカンは人事案の提示につきまとう微妙な問題についていくつかの手続的な間違いを犯し、遅延、誤解、トラブル等を生じさせもしたが、年末までにまずスューワッドとベイツの入閣を確保する。最重要ポストのひとつである財務長官にチェイスを当てるアイディアは、リンカン、チェイス双方の駆け引きもあってリンカンのワシントン入り後までずれ込みはしたが、最終的には予定どおりに落着する。挙党一致体制で最強の政権をつくるというリンカンの当初構想はほぼ実現をみた。

リンカンのワシントン入り

リンカンは六一年一月末までに就任演説の草稿を書き上げ、それを二〇部印刷する。のちにワシントンで閣僚、知人たちの助言を事前に得るための準備であった。その直後には交通の不便を押して義母に会いに行き、父の墓への墓参も済ませる。二月六日には自宅でさよならパーティを開く。友人知人たち七〇〇人が集い、賑わった。留守の間の自宅の賃貸手続も済ませ、法律事務所については、パートナーのウィリアム・ハーンドンに「リンカン・ハーンドン法律事務所」の看板をそのままにしておくようにと頼んだ。

そしていよいよスプリングフィールド出発予定の六一年二月一一日がやってきた。チャーターした三両連結の列車のデッキで、リンカンはめずらしく情緒的なさよなら演説をする。演説中には、「私はジョージ・ワシントンが背負った以上の重責を果たすために、いつスプリングフィールドに戻ってくるのか、そもそも戻ってこれるのかどうかもわからないまま、きょう出発する。神の加護のみが私の成功を支えてくれるだろう」との将来を暗示するような一節が含まれていた。列車には家族、ふたりの秘書、リンカンのボディーガード役を任じていた弁護士ウォード・ラモン、途中まで同道するリンカンの法律家仲間たちが乗っていた。

リンカンのワシントン入りの行程はさながら勝利パレードであった。だれのアイディアであったかは不明だが、列車はワシントンまでの全行程約三〇〇〇キロを一二日間かけて行進するというのである。列車はイリノイ州スプリングフィールドを出発したあと、インディアナ州インディアナポリス→オハイオ州シンシナティ→コロンバス→ペンシルヴェニア州ピッツバーグ→オハイオ州クリーヴランド→ニューヨーク州バッファロー→オールバニー→ニューヨークシティ→ニュージャージー州トレントン→ペンシルヴェニア州フィラデルフィア→ハリスバーグ→メアリランド州ボルティモアと、ニューイングランドを除く北部主要都市をほぼくまなく経由して、二月二三日に首都ワシントンに到着する。

途中、一〇〇余の地に停車し、その都度、即席に近いものではあったが、選挙後初めての公衆に対するスピーチを行う。その内容は総じてとりとめなかったが、ときに脱退は受け入れない、法は執行する、連邦財産は守るなどとも語っていた。リンカンのスピーチに、各都市の市民の意気は大いに盛り上がった。

その意味では巡行は大成功であったが、列車がフィラデルフィアに着いたとき、私立探偵アラン・ピンカートン、軍総司令官ウィンフィールド・スコットを通して、不穏な情報が入ってくる。ボルティモアでリンカン暗殺の計画があるという。旅程の変更が検討されたが、結局、リンカンはハリスバーグまで予定通り行動し、そこでリンカンだけが巡行列車を降り、別の早い列車でボルティモアを経由して首都ワシントンに入ることにする。

ボルティモアでの列車の乗り換えの際には帽子、上着を変えて変装し、ワシントンには朝の六時に到着した。暗殺計画は結果的にはなかったが、早朝に変装姿でこそこそとワシントン入りする大統領の図は新聞などの揶揄するところとなり、リンカンは、巡行の成功から一気に厳しい政治の現実に入ってゆく。

大統領就任式とリンカン政権の発足

就任式までの間も、リンカンのもとには上院議員ダグラス、脱退の決定を保留して様子見をしていたヴァージニアの州民大会関係者、リンカンの宿泊する当のホテル（ウィラードホテル）でなお会議を続けていたワシントン平和会議の代表者らを含めて、おびただしい数の訪問客があった。彼らの多くは、リンカンが南部に対して何らかの譲歩、妥協をなすべきことを訴えた。リンカンは繁忙の合間をぬって、準備してきた就任演説草稿についてスューワッドらの意見を聞き、演説の全体的な調子が南部に対して多少とも柔らかく響くように、若干の変更を加えた。

六一年三月四日正午、前月満五二歳になったばかりのリンカンの第一六代大統領就任式が、議事堂東玄関前広場で挙行される。就任式の妨害、首都の占拠等のうわさがあったため、ワシントンの街角、会場のあちこちには物々しい警戒がしかれていた。リンカンは五万人の聴衆を前に就任演説をおこなうが、聴衆の多くは奴隷州のメアリランド、ヴァージニア、同じく奴隷制を認める首都ワシントンの住民であった。

リンカンの高い声は、会場の最も遠くまで明瞭に響いていたという。演説に引き続き、リンカンがこれまで非難攻撃してやまなかったドレッド・スコット事件判決作出の張本人、いまや八四歳になろうとする高齢で、足元のおぼつかないロジャー・トーニー連邦最高裁長官に対して、合衆国憲法を全力をあげて擁護する旨の宣誓をし、式はすべて滞りなく終わった。

リンカンの就任演説は南部を強く意識したものだった。全体として格調高く、そこに南部に対する敵意、報復的な感情は含まれていなかった。が、演説を聞いた南部の人びとが進行中の連邦脱退運動を止め、翻意したくなるようなものでもなかった。演説は一方で、「州の奴隷制には干渉しない。逃亡奴隷法は執行する。州奴隷制の永久的保障の意味をもつ憲法修正一三条を支持する」などと述べて、南部の慰撫に心を配っていた。

しかし、他方では、「憲法上、州に連邦脱退の権利はない。南部に存する連邦財産は維持する。南部の港湾での関税の徴収は続ける」などともいい、リンカンのこれまでの主張を繰り返した。それでも最後には、「連邦の方から南部を攻撃することはない。南部が攻撃者とならないかぎりは、南北の衝突はない」ことを請け合い、問題の平和的解決、南部の翻意につきなお期待をもっていることを伝えた。演説は北部の大方の支持するところであったが、南部の人びとにとっては、リンカンに対して抱く不安、不信を取り除くものとはならなかった。

サウスキャロライナ、チャールズ湾口のサムター連邦要塞

就任式の翌日の三月五日、早くも難問がリンカンを待ち受けていた。サウスキャロライナのチャールズトン湾入り口に築かれた海の中の要塞、サムター要塞の守備隊長ロバート・アンダーソン少佐からの手紙が届いていた。それは、「糧食はあと六週間で尽きる見込みである。補給がなければ、州軍に降伏せざるをえない」という緊迫した状況を伝えるものであった。

連邦が補給船を送って補給を実施すること自体はむずかしいことではない。が、それを試みれば、サムター要塞を湾岸からとり囲むサウスキャロライナの州兵が妨害する危険は大きく、一気に武力衝突に発展する可能性が高い。だが、かりにアンダーソンに撤退を命じるならば、衝突は回避されるとしても、連邦の権威は地に落ちるうえ、リンカンの就任演説が茶番の空手形にすぎなかったことになる。

サムター要塞は実は、ブキャナン政権以来の懸案事項であった。サウスキャロライナはリンカンの当選直後から、チャールズトン湾に配備されていた連邦守備隊の排除の試みに乗り出す。州兵によってチャールズトン湾岸の守備を固め、守備隊に圧力をかけはじめる。アンダーソンの率いるチャールズトン湾守備隊約七〇名はもともと湾岸側のモールトリー要塞に駐屯していたが、州兵からの脅威が次第に迫ってくる。アンダーソンはすでに六〇年一一月末、連邦政府に守備隊の増強を求めていた。

守備隊の増強については、サウスキャロライナの議員団がブキャナンに対し、援軍の派遣は必ずや武力衝突を生むとしてその断念を要求し、他方、軍最高司令官ウィンフィールド・スコットが三〇〇人の援軍の派遣を進言するなどしていた。決断ができずに事態を放置するブキャナンがアンダーソンに伝える実質的なメッセージは、援軍は送らない、守備隊は踏みとどまれるだけ踏みとどまれ、ということであった。

こうして、守備隊と州兵とのにらみ合いが続いていた一二月二六日、突然、アンダーソンが連邦の指示なく、動き出す。夜陰に乗じてモールトリー要塞を捨て、チャールズトン湾口中央部の浅瀬に建設された人口島サムター要塞に武器、装備等とともに守備隊を移動させる挙にでる。残る糧食はすでに四か月分となり、それが早晩尽きるのは必至であった。しかし、サムター要塞は湾岸からの砲撃の射程範囲内にあったとはいえ、海の中の堅牢な要塞であるため攻撃に対する抵抗力が強く、かりに連邦政府が補給を強行しようとする際には、比較的容易にこれを果たしうると判断したためであった。

サムター要塞とブキャナン政権

折しもワシントンには、脱退後の州・連邦間の関係調整についての交渉が目的であるとして、サウスキャロライナの外交使節団（と称する交渉団）が来ていたが、彼らはアンダーソンを元の要塞に戻すように要求する。ブキャナンが回答を保留している間に、サウスキャロライナでは州によるモールトリーその他の要塞、税関、郵便局、武器庫等々の連邦施設の接収が進行してゆく。サムター要塞問題に関する閣議では、ヴァージニア出身の軍事大臣ジョン・フロイドが要塞の放棄、連邦守備隊の州からの完全撤退を強く主張する。しかし、主な脱退派閣僚がすでに政権を去っていたこともあって、閣内で孤立したフロイドもまた辞任する（ヴァージニア州自身は翌六一年四月まで連邦にとどまっている）。

ブキャナンは、それでもなお態度を決めかねていたが、一二月半ばにルイス・カス（ミシガン州）の後を継いだ国務長官ジェレマイア・ブラック（ペンシルヴェニア州）の強い圧力に押し切られ、年明けまでには使節団との交渉を打ち切り、援軍を派遣することを決意する。

六一年一月五日、糧食と援軍を載せた商船「西部の星 Star of the West」号がサムター要塞に向けてニューヨーク港を密かに出港する。当初は戦艦を使用する予定だったが、秘密裡の迅速な作戦実行が重要であることを考慮し、非武装の商船の使用が選ばれたのであった。

チャーター船は一月八日夜、チャールズトン沖に到着、翌九日朝、サムター要塞への接近を試みた。すると、チャールズトン湾口部の南岸側に陣取っていた州兵が船に向かって突然に砲撃を開始する。武装のない商船は目的を果たすことなく、船首を返し、ニューヨークに戻る。州守備隊はサムター要塞にはいっさい砲撃を加えなかった。サムター要塞のアンダーソンはそもそもこの補給作戦を知らされておらず、アンダーソン側からの砲撃もなかった。一触即発の危機は辛くも避けられた。その後、ブキャナン政権がサムター要塞への補給、増援を試みることはなく、アンダーソンらは手持ちの糧食だけでかろうじて要塞を維持し続けてゆく。

サムター要塞に関するリンカンの選択

リンカンが受け取ったアンダーソンの手紙の背景には、こうした先行事情があった。リンカンはまずスコットに相談するが、スコットは、前言とは異なり、サムター要塞の維持は軍事的に無理である、放棄せよという。連邦は当時一万六千人の兵士を有していたが、そのほとんどはインディアン対応のために西部の僻地に配置されていた。

三月九日、上院が会期を延長してリンカン政権の各長官について承認手続を終えると、リンカンは最初の閣議を開き、サムター要塞問題を取り上げる。七名中六名が要塞の放棄、撤退の意向を示す。一五日の閣議でも、大勢は変わらない。とりわけスューワッドは、リンカン政権発足前からリンカンの非公式の代理をみずから任じ、サムター要塞の放棄等についてサウスキャロライナと交渉していた経緯があり、撤退を強く主張する。リンカンは当時、相談すべきスタッフもなく、大統領の職務、その執務のあり方さえも満足に理解しない状態の中で、政府関係の職を求めてやってくる大勢の訪問客、親交の挨拶に訪れる諸外国の外交官等の応接のため、殺人的繁忙の中にあった。サムター問題について的確な対処をなしうるだけの準備はいまだなかった。

リンカンは、状況の切迫にもかかわらず、決断の前になお正確な情報を集めることにこだわった。救援作戦が軍事的に可能かどうかを調査するために海軍次官補のグスタヴァス・フォックスを、さらに州民がどの程度連邦への復帰を望んでいるかを調べるために、サウスキャロライナ生まれで旧知の間柄のスティーヴン・ハールバットをサウスキャロライナに送り出す。そのころには早くも、リンカンには政策がない、優柔不断だといった批判の声が出はじめていた。

フォックスは、サウス・キャロライナ州知事フランシス・ピケンズの知己を通じてサムター要塞に入る許可を得て、直接アンダーソン少佐と面会し、四月一五日が食料備蓄の限度であると伝えられる。ハールバットは、総じてチャールズトン市民に連邦への未練などみじんもないことを確認する。

三月二七日、ふたりから報告を受けたリンカンは、三月二九日、救援作戦の断行を決断し、その決意を閣議で明らかにする。リンカンの計画は、要旨、「サムター要塞維持のため、四月六日までに守備隊への食糧補給作戦を行う。それは人道的見地から現状の維持、継続の目的で行われるものであり、それゆえ、守備隊兵士の増援はしない。作戦は事前にサウスキャロライナに伝える。もしサウスキャロライナ側がこれを妨害すれば、連邦は彼らを攻撃者と受け止める」というものであった。

リンカン自身はこの時点で、物理的な衝突の生じることを完全に覚悟していたようであった。衝突の回避、そのための妥協を最重要と考えるスューワッドは、リンカンの強行作戦を翻意させるためにその後もなお書面によって意見を具申するなどするが、大統領としての威厳、プライドを十分に意識し自覚していたリンカンの決断を変えさせることはできない。

サムター要塞の砲撃、南北戦争のはじまり

リンカンは、四月六日、「サムター要塞に食料補給を行う。抵抗がなければ、食料の陸揚げにより、作戦は終了する」旨を伝える使者をサウスキャロライナに派遣する。これが知事ピケンズから南部連合大統領ジェファソン・デーヴィスに報告される。デーヴィスの裁可を経て、南部連合軍准将ピエール・ボーリガードは、アンダーソンに対して降伏とサムター要塞の明け渡しを要求し、それがないときには直ちに攻撃する旨を通告する。

四月一二日早暁、陸側に位置するボーリガード軍によるサムター要塞への砲撃が開始される。サムター要塞の方も反撃をするが、三六時間後の四月一三日午後、ついに要塞の弾薬はつき、アンダーソンは降伏する。双方の側の死者は、事後の降伏調印式の際の銃暴発事故が生んだ死者を除くと、奇跡的にゼロであった。

フォックスを指揮官とする補給艦隊は四月九日にニューヨーク港を出発、四月一二日朝には

チャールズトンに到着していたが、そのときにはすでに砲撃戦が開始しており、補給艦隊はなすすべなく、成り行きを見守るしかなかった。結局、フォックスは、降伏したアンダーソンら守備隊員を引き取り、帰路についた。

このサムター要塞の攻防戦を口火に、南北戦争が開始する。もっとも、リンカンにとっては、南北戦争は連邦と脱退した州、その結集体としての南部連合との間の戦争ではなく、連邦の統治に服さない一部州民の反乱であり、法的には州は依然として連邦に帰属したままの状態にあるが、反乱が警察権力では対応不可能な大規模なものであるため、軍が使用された、と理解されるべきものであった。

連邦の権威の象徴であったサムター要塞が力によって奪われ、それが戦争（内戦）につながるのは、リンカンにとって痛恨の極みであったが、衝突それ自体は連邦の統治の正統性を示すためにやむをえないことであった。多少の慰めは、攻撃を開始したのがサウスキャロライナであり、連邦は最後の最後まで積極的な攻撃者となることを避け通しえたという事実である。それは、今後に展開されるべき戦争にそれなりの理由を与えることになるはずであった。

第六章　戦争の中での奴隷制問題

一八六一年四月、サムター要塞の攻防から、連邦と南部連合との間で戦争が始まる。もっとも、リンカンの考えでは、南部諸州の連邦離脱は法的にありえず、それゆえ、南部連合は法的には存在しえず、戦争の本質は反乱者集団への連邦警察権の行使にすぎなかった。ただ、反乱の規模が通常警察の能力を超えるために軍隊を用いるだけのことであって、いわゆる南北戦争を国家間戦争ととらえるのは適当を欠く。

ではそこに国際法ルールの適用はないのか。この問いを否定すれば、リンカンの戦争措置についての説明に困難をきたす場面もあり、内戦であり通常の国家間戦争でもあるという南北戦争の二重性格は終始リンカンにとっての理論的な悩みの種であった。

戦争のおおもとには南部諸州の奴隷制への過剰な固執、防衛姿勢があった。リンカンははじめ、脱退州内の連邦忠誠派の巻き返しによって異常事態はいずれ正常化するとの期待から、奴隷制にはあえてふれず、「ユニオンの回復」だけが戦争目的だとしていた。しかし、人口、経済規模、技術・産業水準等々、どのような指標をとっても北部には遠く及ばない南部であったが、その連邦拒絶意思は固く、軟化の気配はない。南北戦争の実質的な緒戦、第一次ブルランの戦い（マナサスの戦い）

での南軍の勝利がその頑なな姿勢をさらに勢いづかせる。

戦争の長期化は当然、多くの戦死傷者を生み、社会を荒廃させる。南部の力の源泉たる奴隷制をそのままにしておいて連邦の勝利はありえないとの見方が次第に北部社会に広がってゆく。議会の内外で奴隷制の破壊、奴隷の解放を叫ぶ声が高まり、リンカン政権への圧力となる。奴隷制の破壊は南部社会の根本的変革にほかならない。共和党ラディカル派はまさにそれを求める。野党民主党はこれに反対し、さらに戦争中止、南部連合との和平までを主張し、リンカン政権を揺さぶる。

本章の課題は、戦争に突入後、連邦軍の予想外の惨敗に直面したリンカンが、戦争との関係で奴隷制がもつ意味、黒人奴隷、自由黒人のもつポテンシャルを覚り、ついに奴隷解放宣言の発出を決断するまでの苦しい試練、忍耐の日々を概観することである。

リンカンの臨戦対応と北部社会

サムター要塞が陥落した後のリンカンの対応は素早かった。わずか二日後の六一年四月一五日、リンカンは大統領宣言を発する。その内容は、要旨、「サウスキャロライナその他の深南部州において、通常の司法手続では対処できない違法共謀が発生した。私、大統領は憲法に基づき、違法共謀の排除、法の適正執行のために七万五千人の民兵［期間三か月］の招集を求めるとともに、来る七月四日に［本来ならば一二月に招集されるべき第三七回］議会の特別会期を開催し、必要とされる公安措置について検討されることとする。私は、ユニオンの恒久性を守ることを国民に訴える」というものであった。この宣言に基づき、同日、軍事長官サイモン・キャメロンから各州知事に対して、派遣されるべき民兵の割当て数（正確には、連隊の数）が通知される。

北部各州はリンカンの決定を熱狂的に支持し、各州は割り当てを超える民兵九万人余をワシントンに送り込む。リンカンはこの宣言に続いて、ヴァージニアからテクサスに至るまでの大西洋、メキシコ湾沿いの各港湾の封鎖を二回にわたって通告し、南部連合の封じ込めをはかる。さらに五月はじめには、正規の志願兵四万人（期間三年）を募集し、多数船舶の購入を指示するなど、陸海軍の増強を図る。

他方、宣言以降、メアリランド州内では脱退支持派の市民が首都ワシントンに集結しはじめた連邦軍の行軍等を妨害するなどの反政府活動が生じていた。リンカンはこれに対して、首都を守るためであるとして、人身保護令状（habeas corpus）の特権を停止し、軍の一方的判断により反連邦政府活動家を逮捕できるようにする。それは、ヴァージニアが南部連合に去ったいま、さらにメアリランドまでが南部連合に走り、首都ワシントンが完全に孤立してしまうことのないように、同州を連邦の厳重な統制下に置くことをねらいとしていた。

リンカンのこうした措置には憲法違反の疑いがあり、少なくとも議会の承認なしにはなしえないものが少なくなかった。が、六一年七月に開かれた特別議会でリンカンのした説明とは、「たったひとつの憲法違反を避けるために、国を滅ぼすなどということがあってよろしいのか」という開き直り気味のものであった。議会は、戦争開始以来リンカンがとってきたすべての戦争関連措置を結局は追認するしかなかった。

上南部州の苦しい選択

リンカンの臨戦準備に対して、南部州はどのように反応したか。まず、四月一五日のリンカンの民兵招集要請に関しては、これまで連邦に踏みとどまって情勢をうかがっていた南部奴隷州八州のすべてが抵抗の姿勢を示す。呼びかけに応じることをせず、民兵の供出を拒否した。

それのみにとどまらない。ヴァージニア州は二日後の四月一七日には早くも州民大会を開いて脱退条例を可決し、それとともに、ハーパーズフェリーの武器庫、ノーフォークの海軍工場等の連邦施設の接収断行の挙に出る。ヴァージニアに続いて、ノースキャロライナ、テネシー、アーカンソーが四月中に同じように脱退手続をとり、六月までには南部連合への加盟手続をすべて完了する。ヴァージニアの参加を得て意を強くした南部連合は、五月二一日、ヴァージニアの誘いに応じて、その政府をモントゴメリー（アラバマ州）からヴァージニアの州都リッチモンドに移し、わずか九〇マイルの距離を挟んで連邦の首都ワシントンと対峙する。

南部連合に加わらなかった上南部境界奴隷州、すなわち、デラウエア、メアリランド、ケンタッキー、ミズーリの四州はなお連邦に踏みとどまるが、文字どおり中立の立場をとる。連邦の今後の政策次第でいつでも南部連合に加わる用意のあることを留保しており、連邦にとってその先行きはまったく予断を許さない。

リンカンは奴隷解放宣言を発する直前まで、境界南部州の奴隷制を尊重することに強くこだわった。そのうらには、不用意に奴隷制の廃止をいい、これら四州、とりわけケンタッキー、ミズーリを南部連合に追いやってしまうと、人口面でも地勢的にも容易にこの戦争に勝てなくなるとの強い警戒心があった。

南北両軍の最初の激突、第一次ブルラン（マナサス）の戦い

六一年七月二一日、南北両軍がヴァージニア州のマナサスで激突する（マナサスの戦い、ブルランの戦い）。サムター要塞での激しい砲撃戦のあと、南北両軍が本格的に戦うのは、このときが最初であった。それ以前の五月末に、後にヴァージニア州から分離独立してウエストヴァージニア州となる州最西北部地方（六一年一〇月にヴァージニア州から独立、六三年六月に連邦に正式加入）で南軍との文字どおりの小競り合いがあり、連邦軍を指揮するジョージ・マクレランが勝利するということがあったが、基本的に過去三ヶ月間は戦争の準備、訓練のための静穏、小康の期間であった。

連邦軍についていえば、ひとまず予定の数以上の兵士がそろいはしたが、集まった民兵たちの服

装、武器その他の戦闘の装備は区々であるうえ、そもそも軍事訓練、軍隊経験のまったくない市民も多かった。彼らについて装備を調え、必要な軍事訓練を施すには相当の時間が必要であった。

もともと連邦陸軍の士官クラスには南部出身者が多く、南部州が連邦から脱退すると同時に彼らの多くもまた、連邦の軍人であることを辞して南軍の方に鞍替えしていた。それもまた連邦軍の力を削ぐ一因となってはいたが、準備の不十分という点では南軍についても事情は大きく異ならなかった。

もっとも、さらにいえば、そもそも南軍にとっては積極的に北軍を攻略し、絶対に北軍に勝利しなければならないものでもなかった。人口、経済、産業・技術力等のいずれをとっても南部は北部に遠く及ばないが、南部には広大な土地がある。かつて世界にその軍力を誇っていたイギリスがアメリカと戦ったふたつの戦争（独立戦争、一八一二年戦争）でアメリカに勝ちきれなかった基本的な理由は、アメリカの国土の大きさにあった。

イギリスとの戦争の際に当時のアメリカがそうしたように、南軍が連邦軍との全面衝突、その結果としての軍の壊滅という事態を避け、広大な国土のどこかにその勢力を維持、温存しておき、その間に北部社会の厭戦気分の醸成に努めるならば、南部連合はたやすくその独立目的を果たしうるであろう。それは、この戦争が連邦にとって容易ならざるものとなることを意味していた。

マナサスはヴァージニア州内、首都ワシントンの南西方二五マイルの地点に位置し、いくつかの鉄道路線が交錯する交通の要衝であり、近くにはブルランの小川が流れていた。かりに連邦軍がこの地を支配しえたならば、連邦軍にとってはヴァージニア南西部へのさらなる進攻、ヴァージニアの州都、南部連合の首都リッチモンドの攻略が容易化する。そのため南部連合は、ここマナサスにピエール・ボーリガードの指揮する三万人の軍隊を配置し、そこから逆にワシントンを牽制し、その動静をうかがっていた。

ブルランの戦いにおける連邦軍の敗北

北部社会は、人的、物的に圧倒的に優勢なはずの連邦軍が首都ワシントンからわずか二五マイルの地に集結する南軍に対して何の攻撃も加えず、時間だけが徒過してゆくのをいぶかり、いらだちはじめる。いらだちは次第に、リンカンの戦争政策、指導力不足に対する批判となる。民兵としての三か月の期間が満期に近づきつつあり、この期を逃すと、対決のチャンスが遠のくおそれもあった。リンカンは七月はじめ、ウィンフィールド・スコットがワシントン守備の指揮官として選んだアーヴィン・マクダウエルに対して、南軍攻撃を指示する。世論においてもワシントンの政治家の間でも、連邦軍が攻撃を敢行しさえすれば、南軍は敗走し、戦争はたちまちのうちに終結するという楽観的な見方が支配的であった。

しかし、マクダウエルは訓練の不十分を理由に、攻撃を躊躇する。マクダウエルは、職業的軍人ではあったが、これまで主として輜重関係業務に従事しており、実戦の経験はほとんどなかった。「訓練、経験が不足しているのは敵も同じである」とのリンカンの説得によって、マクダウエルはようやく出撃を決断する。

そして七月二一日、兵士四万人を率いたマクダウエルの攻撃が決行された。連邦軍ははじめ善戦するが、西方シェナンドア峡谷からの援軍が南軍に加わってからは戦況が変わり、結果は連邦軍の敗北となる。死傷者は両軍あわせて四千人に達していた。首都ワシントンからは少なからぬ数の政治家、市民らがなかば物見遊山気分で観戦に駆けつけており、連邦軍にとっては彼ら見物人の眼前での惨めな敗戦であった。そしてそれは首都ワシントンの危機をも意味していた。

マクレランのポトマク軍司令官への登用

ブルランの戦いでの連邦軍の敗北は、リンカンにとっても北部社会にとってもショックであった。戦争は限定戦争にとどまり、短期間のうちに連邦軍の勝利で終わるだろうとの当初予想はまったくの間違いだった。手加減をしながら戦争するような安易な姿勢は根本的にあらためられる必要があった。ブルランの戦いからリンカンが得た教訓のひとつは、軍人の専門家的判断に政治家が中途半端に介入し、プレッシャーをかけてはいけないということであった。もっとも皮肉にも、リンカンの得たこの教訓がその後、ポトマク軍司令官ジョージ・マクレランの優柔不断の戦闘姿勢を不当に助長するものともなる。

いまひとつ、連邦軍がこの戦いで目にした重要な事実があった。それは、南軍が戦闘員としてではなく後方部隊要員としてではあったが、多くの黒人奴隷を戦争目的に使用していたことである。北部社会はこの事実を知ったのをきっかけに、「戦争は連邦、ユニオンを守るためであって、反乱州に奴隷制を放棄させることではない」と繰り返すリンカンが本当に正しいのか、かりに奴隷制に手をつけずに反乱州を連邦に復帰させえたとして、そうして回復されたユニオンがはたして北部にとって満足すべきものであるのか等の疑問を抱きはじめていた。

その後の戦況の展開を簡単に見ておこう。リンカンはブルランの戦いに敗れるや直ちに、マクダウエルに代えてマクレランを首都ワシントンの守備にあたる陸軍最大部隊ポトマク軍の司令官に任じる。マクレランはヴァージニア西部地域での小規模戦闘に勝利した実績しかもたない三四歳の弱冠であり、巨大部隊の指揮官としての能力は未知数であった。が、勝利に飢え、英雄の出現を待望する北部社会はウエストポイントの士官学校卒業後、またたく間に軍人として、鉄道経営に携わる青年実業家として成功し、選ばれた者の自信と栄光の雰囲気をつねに身辺に漂わせていた超早熟のエリート、マクレランを「若きナポレオン」と呼び、大げさに称揚した。

民主主義社会では軍人の人事にも政治的な打算が入りがちであるが、リンカンのこの人事には疑問があった。リンカンの政治家としての優れた資質のひとつとして、その人事力、すなわち、各ポストの要求に即応した人物を的確に選び、その個性の尊重によって能力を最大限まで引き出すという人事管理手法のあげられることが多いが、こと軍人の人事に関するかぎり、リンカンのこのやり方が十分に成功し、威力を発揮したとはいいがたい。

虚名によって自我の肥大した、しかし、最重大局面においては決定的な決断ができず、しかし、責任をとる用意もないマクレランの実像を、リンカンはつねに疑問を抱きつつも、結局は見抜けなかった。大統領としていまだ未熟なリンカンは、危機的状況に急ぎ反応し、実体のさだかでない世評に冷静な判断を狂わされてマクレランをポトマク軍司令官にし、さらに同年一一月には、肥満高齢のスコット（当時七五歳）に代えてマクレランを全軍の最高司令官（general in general）に任命する。

マクレランの半島作戦の失敗

マクレランはリンカンおよび議会の示唆、誘導、指示等にもかかわらず、なかなか戦闘には向かわない。ポトマク軍の訓練とワシントン市中のパレードに明け暮れし、永らくその戦闘計画を大統領に示すことさえしなかった。マクレランは軍内の一般兵士の人気が非常に高かったが、それは、マクレランがつねに戦闘よりも軍隊の規律、兵力の温存を優先させたことと無関係ではなかった。

ポトマク軍一〇数万人がその本拠地アレグザンドリアから、チェサピーク湾をジェームズ川河口まで船で移動し、そこで上陸したのち川沿いに攻め上がり、リッチモンドを陥落させるという半島作戦（Peninsula Campaign）をマクレランが最初に明らかにしたのは六二年二月のことであり、その作戦が実行に移されるのは三月後半であった。この半島作戦は、ヴァージニアの地理的な特殊事情に応じて作られたものであった。州内にはポトマック川以外に、ラパハノク、ヨーク、ジェームズの三つの大河が北西方向からチェサピーク湾に流入しており、兵士の大軍がこれらの大河を渡って陸路を直線的に南下するのをきわめて困難にしていた。

ポトマク軍は上陸後、途中で南軍部隊と幾度か戦線を交え、五月末にはリッチモンドまであと数マイルの地点にまで到達する。六月末から七月はじめにかけて、ロバート・リーの指揮する南軍との間で熾烈な戦闘を展開するが（七日間の戦い Seven Days Battles）、勝利目前の状況のなかで不可解にもマクレランは戦意を喪失し、攻撃をやめてしまう。ポトマク軍の温存のためというのがその説明ではあったが、その後はワシントン防衛のためにすばやく北上することもせず、リッチモンドから二五マイル東方のジェームズ川河畔の安全地帯に連邦軍を無為にとめおき、八月末の第二次ブルランの戦いで連邦軍がまたもや敗れてしまう一因をつくる。

満を持して開始したはずの半島作戦の挫折後のヴァージニア戦線に明るい兆しは何もなく、結局それは、南軍を勢いづかせただけであった。六二年春まではテネシー、ミシシッピの西部戦線において ユリシーズ・グラントのめざましい活躍があったが、その後は西部戦線にも膠着状態がはじまっていた。ケンタッキー、テネシー東部でも戦況にめざましい展開は何もない。リンカンが奴隷解放宣言の発出を考えはじめるのは、このような状況においてであった。

戦争が奴隷制に及ぼす影響

戦争が奴隷制を揺るがし、その存続を危うくしうることは、理論的にも独立戦争時の南部の経験からしても、容易に知りうるところであった。戦争が奴隷制に影響を与えるその仕方は複雑ではあるが、まず、兵士の出征によってプランテーションの経営、その奴隷管理に弛緩が生じるのは避けられない。それはおのずと奴隷の逃亡を刺激することになろう。交戦相手国が奴隷制をもつ国の戦力を削ぐ目的から、自由の付与をかざして奴隷の逃亡、戦争参加をそそのかせば、逃亡は単なる逃亡以上の積極的な意義を与えられ、いっそう拍車がかかる。奴隷の奴隷主への反抗、奴隷社会に対する大規模な反乱の発生もありうる。かりに奴隷が奴隷主への忠誠を変えない場合であっても、奴隷は戦争の中で戦闘要員、その補助者、銃後の労働力、一般生産者等としての自身の存在価値を覚り、それによって奴隷制が変質する可能性は高い。

こうして、その委細はともかく、戦争がいずれは奴隷制の崩壊、奴隷解放の事態を招くであろうと予測する者は、特段の識者でなくとも、南北戦争の開始当初から存在していた。しかし、大統領リンカンにとっての政治課題は何よりもまず、離脱した南部をできるだけ早急に連邦に復帰させることであった。奴隷制の廃止を復帰条件とすることが南部の復帰を困難にすることは明らかである。北部にも、黒人奴隷の解放のために命をかけて戦うことに納得しない市民、兵士は少なからず存在する。リンカンには、戦争は連邦、ユニオンを守るためであって奴隷制に手をつけることではないといわざるをえない理由があった。

六一年四月の大統領宣言、七月の特別議会に対するメッセージ、さらには一二月の年次報告等で、リンカンは繰り返し、戦争の目的はユニオンを守ることであり、奴隷制には干渉しないと言明する。かりに奴隷制に手をつけるとなると、それは奴隷社会としての南部を根本からつくりかえることを意味するが、さしあたりリンカンにそうした大仕事に取り組む覚悟はできていなかった。

奴隷制にはふれないとのリンカンの基本姿勢は、戦争の進行中もしばらくの間は頑固に維持されてゆく。その姿勢に対しては、奴隷解放を唱道する奴隷制廃止論者、共和党ラディカル派等から当然ながら批判が出る。そうした批判は戦況の膠着、戦争の長期化とともに強まってゆくが、実は、連邦軍の前線基地においては、リンカンの奴隷制不干渉政策の妥当性を疑わせる状況がすでに戦争開始直後から生じていた。そうした状況は、具体的には、ふたつの問題に端を発していた。ひとつは逃亡奴隷であり、いまひとつが前線の指揮官による積極的管理・統治政策であった。

連邦軍による逃亡奴隷の受け入れとコントラバンド論

奴隷が奴隷主のもとから逃げ出し、連邦軍の前線基地に駆け込んでくるのはしごく当たり前の日常的な出来事であったが、それが最初に見られたのが、ヴァージニア州南部のモンロー要塞（ヨーク川とジェームズ川とがつくるヴァージニア半島の最先端部分に位置する）においてであった。同要塞は、連邦軍が開戦後もヴァージニア州内に保持し続けていた唯一の要塞である。連邦軍は、サムター要塞の陥落とそれに続くヴァージニア州の連邦脱退の直後、ヴァージニア州による接収を避けるために、チェサピーク湾口に位置するノーフォークの海軍造船所にみずから火をつけ、艦船を沈めて同地を撤退しているが、その際にもモンロー要塞だけは連邦の支配下に残していた。

カンバーランド・ランディング（ヴァージニア州）の基地に集ったコントラバンド

六一年五月、南軍の施設建設作業に従事していた三名の奴隷がモンロー要塞に逃げ込んでくる。すると、奴隷主の代理人と称する南軍の将校が同要塞にまで出向き、逃亡奴隷法に基づく要求であるとして三名の返還を求めてきた。要塞の指揮官ベンジャミン・バトラー（マサチューセッツ州）は、もとよりその返還を拒否する。政治的な任命によって少将となっていた法律家バトラーは、その理由としてふたつのことをあげる。ひとつは、ヴァージニアが連邦を脱退し連邦と戦っている以上、連邦法である逃亡奴隷法の適用はない、ということであり、いまひとつは、戦争目的のために働く奴隷は「戦時禁制品 contraband」として没収の対象となる、ということであった。

第二の理由は、当時、ようやく理論化されはじめていた戦時国際法上の概念を、バトラーが借用してきたもののようであった。奴隷をコントラバンドとするのは奴隷の動産性をそのまま肯定しているという意味では奇妙である以上に不適切というべきようでもあったが、かりにこの理屈が認められるならば、少なくとも戦争の継続中は、逃亡奴隷の受け入れとその積極的な使用に理論的な説明がつくことになり、第一の理由ではできないことまでが可能となるようであった。

逃亡奴隷コントラバンド説は、その理屈の感覚的なわかりやすさと得られる弾力的な結果のゆえに、すぐさま多くの前線基地で採用されることになる。それはバトラーから陸軍長官サイモン・キャメロンに報告され、キャメロンを通じてリンカンの知るところともなるが、リンカンはこれを黙認する。

もっとも、前線での取扱いが必ずしも一貫していたわけではない。逃亡奴隷の受け入れ、収容は軍にとっては大きな負担ともなり、奴隷制に同情的な民主党系の指揮官（その典型例がマクレランであった）によっては、逃亡奴隷、その家族らの軍基地への受け入れを拒み、奴隷主のもとに追い返す例も見受けられた。が、総じていえば、逃亡奴隷コントラバンド説は前線基地周辺の奴隷の逃亡を誘発し、北軍の進攻する地域の奴隷制の切崩しに大きな役割を果たすことになる。それは実質的には、逃亡奴隷を解放し、彼らに自由を与えるための理論として機能する。

地区司令官による奴隷解放措置・その一　フリーモント少将の場合

軍との関係で奴隷制問題がクローズアップされるいまひとつの場合に、指揮官がその支配・進出地域において戒厳令等を発出し、奴隷制の廃止、奴隷解放の挙に出るということがあった。先の逃亡奴隷について問われたのが、主役たる逃亡奴隷に対して受け身の立場にある軍がどう対応すべきかであったのかに対して、戒厳令が提起するのは、指揮官の判断によって積極的に地域の奴隷制を排除し、奴隷を解放することが軍事的な措置として許されるかという問題であり、軍の規律、指揮命令系統の問題を別に含んでいた。

最初にこの問題を引き起こしたのは、西部方面指揮官のジョン・C・フリーモント少将であった。フリーモントの名は、五回にわたるロッキー山脈、カリフォーニアの探検、ミズーリ州の有力上院議員トーマス・ハート・ベントンの十代の娘との駆け落ち結婚、メキシコ戦争に先鞭をつけてアメリカにカリフォーニアを取得させ、太平洋への横断鉄道路線を発見した功績、所有する土地上での金鉱の発見によって得た莫大な財産、初代カリフォーニア州上院議員、初代共和党指名大統領候補等々によって社会に馳せわたってはいたが、リンカンによるフリーモントの任命はここでもその能力の実証によってというよりは彼を推す政治的圧力によるものであった。

　フリーモントが任を受け、ミズーリ州セントルイスに赴いた六一年七月には、中立奴隷州ミズーリの実態は静穏とはほど遠いものであった。連邦軍の影響力の及ばない州西南部では連邦支持派と連邦脱退派とがゲリラ戦模様の争闘を繰り返していた。フリーモントはこの現実を前にして、六一年八月末、連邦の権威、州内秩序・安全の抜本的回復をねらいとして戒厳令を発する。戒厳令は、「連邦に対して抵抗する者、彼らと密接に関わる者の財産はすべて没収され、その奴隷は向後自由の身となる」との一文を含んでいた。フリーモントとしては、指揮官として州内の連邦脱退派を抑えるために必要な全権を与えられているとの理解に基づく行動であった。奴隷制廃止論者たちは、フリーモントの戒厳令に喝采を送る。

　しかし、問題は、指揮官がその判断で、奴隷解放を内容とした戒厳令まで発しうるかということであった。フリーモントの戒厳令を知ったリンカンは、すぐさまその取り消しを指示し、フリーモントがこれに従わないことが明らかとなるや、みずからこれを取り消す。リンカンによれば、単なる軍事的措置であるにとどまらず、政治的な性格をもった戒厳令は、憲法上、大統領だけが軍事上の必要のある場合に、その戦争権能、最高司令官としての権能に基づいて発しうるものであり、一指揮官の権限範囲をはるかに超えるものであった。フリーモント自身は事前にリンカンに相談、報告等をしなかったばかりか、リンカンのその後の取り消し指示にもしたがわず、あろうことか、その戒厳令が正当であると説得するのに、セントルイスから妻ジェシィをワシントンにまで寄こし、リンカンを困惑させた。

フリーモントを支持するラディカル派らの不興を買うのを承知のうえで、リンカンはフリーモントの戒厳令を取り消した。リンカンの決断には、かろうじて連邦にとどまっているミズーリその他の境界奴隷州が軍による奴隷制の排除を理由に南部連合の方に逃げてしまうことはないか、ユニオンを守るための戦争が連邦兵士の目には黒人を守るための戦争と映り、その戦闘意欲に悪影響を及ぼすことはないかなどのリンカンの実際的な懸念も作用していた。

地区司令官による奴隷解放措置・その二　ハンター少将の場合

同様の事件が、六二年五月、リンカンの個人的な友人である南部方面指揮官デイヴィッド・ハンター少将によっても引き起こされる。

サウスキャロライナの最南部に位置するポートロイヤル島では、六一年一一月、連邦海軍が接近するや、奴隷主が島内のプランテーションを放棄して内陸部に逃げ込み、奴隷一万人が取り残されるという異常な事態が生じた。軍、連邦政府は放置されたプランテーションを、置き去りにされた奴隷の手で運営しようと試みる。六二年春には、軍の指導のもと、北部の牧師、教師、医師等のボランティアが多数駆けつけ、プランテーション、地域社会の建て直しに取り組む。ポートロイヤルはさながら、南北戦争終了後の再建期 Reconstruction に生じるであろう南部社会改革の諸問題を取り扱う最初の実験場の観を呈していた。

六二年春は、後に見るように、連邦議会が奴隷制に対して積極的な攻撃を仕掛けはじめる時期でもあった。奴隷制の制約、制限に向けて活発な議論が展開され、北部社会全体が確実に反奴隷制の方向に動きつつあった。

そうした背景の中で、奴隷制廃止論者ハンターが動いた。その所管地域であるサウスキャロライナ、ジョージア、フロリダ三州に戒厳令を布くとともに、「奴隷制は自由国家の戒厳令とは両立しえない。本日以降、奴隷は永久に自由である」と宣言する。ハンターはその直後には、後に連邦の正式部隊として認知されることになるサウスキャロライナ黒人部隊の組織化にもいち早く着手する。

ハンターの解放宣言は、奴隷が反乱奴隷主の所有する奴隷であるか否かを問わない点で、フリーモントのそれ以上に一括的に奴隷を解放するものであった。リンカンは一〇日後に宣言を発し、ここでもまたハンターの戒厳令を取り消す。宣言の中でリンカンは、戒厳令のことは事前に自分に知らされていなかったこと、大統領だけがかかる事項について決定権をもつことを述べるとともに、境界奴隷州に対しては自主的に奴隷制を廃止するように勧奨した。リンカンはすでにその直前の同年三月、議会に対して特別のメッセージを送り、州が自主的になす奴隷制の廃止に対して経済的補償がなされるように予算措置をとることを求めており、議会の方はこれを支持する旨の決議をしていた。

さらにいまひとつ、リンカンの閣僚の中からもリンカンの方針に従わず、奴隷解放の方向に傾いた言動をなす者が現れていた。六一年一二月、陸軍長官サイモン・キャメロンがリンカンの了解を得ることなく、「反乱軍の奴隷は戦犯としてではなく、より効果的な方法で処遇すべきである。彼らを武装させ、反乱軍に向けて使用するのは政府の権利であり義務である」旨の記載を含んだ軍の年次報告書案を作成する。当時の世論からすれば、黒人奴隷を兵士として使用するというのは奴隷の解放以上に過激な意見であった。

リンカンが報告書案を目にしたとき、キャメロンはすでに報告書案を印刷し、関係部局等に配布し終えていた。リンカンはキャメロンにその回収と書き直しを命じ、翌一月には汚職等を理由にキャメロンを解任し、代わりにエドウィン・スタントンを新軍事長官に任命する。スタントンはブキャナン政権の最後の二か月余の間、司法長官を務めた民主党員であり、無愛想無礼、冷淡狭量、社会性の欠如等々、ネガティヴな人格評価に事欠かない人物であったが、その仕事への情熱、能力は際だっており、やがてはリンカンの最も信頼する閣僚となる。

奴隷解放に対するリンカンの消極性の真意

奴隷制を一挙的に排除しようとする軍内部の動きへのリンカンの否定的、消極的な対応姿勢から読み取るべき実質的なメッセージは何か。そこにはリンカンの保守性、不決断性がなにほどかは作用していたであろう。とはいえ、リンカンが宣明した戦争遂行の基本的方針は、「奴隷制には手をつけない」「脱退南部州が連邦に復帰するのなら、奴隷制の廃止はその条件とはしない」ということだったのであり、これを簡単に修正するわけにはいかなかった。

もっとも、それは特定の状況下、特定の時点での方針の表明であるから、リンカン自身、決してそれが将来的にも一義的に不変と考えていたわけではない。リンカンは上院議員サムナー等との議論を通して、すでに戦争の開始時点で、戦局打開の手段として奴隷制の廃止、奴隷解放という選択肢の存在することを十分に承知していた。今後、戦況の展開、事態の変化次第では、当該選択肢を取り上げることがありうることも自身の内部では予期していた。

ただそれは、憲法上、戦時に戦争遂行に必要なかぎりで軍最高司令官（Commander in Chief）としての大統領にその行使が認められる特別の権能（いわゆる戦争権能 war power）に基づく措置であって、軍の一指揮官がその判断で、あるいは議会がこれを決しうるようなものではない。それはリンカンが、リンカンのみがなしうることであった。そしてリンカンの判断によれば、六二年五月ころまでの戦争の展開状況では、その機はいまだ熟してはいなかった。

大統領権限による奴隷制の排除措置が現時点で戦争遂行上不可欠であるかどうかは議論のありうるところであり、政治的にその判断はきわめてリスキーな要素を含んでいる。北部世論がそれを一致して支持するような状況はいまだ現れてはおらず、逆に、その選択が当面は中立のスタンスをとっているケンタッキー、ミズーリなどの境界南部四州を南部連合の方に追いやってしまうおそれがあったからである。大統領リンカンにとっては、最高司令官としての権限行使により奴隷制を排除する最後的な判断をする前に、現状打開のためになお試みるべきことがあった。

リンカンの奴隷制廃止へのアプローチ——デラウエア州への働きかけ

リンカンは大統領になるまで、奴隷制の廃止は州が自主的に段階的になすべきであり、その場合には奴隷主に対して国庫から経済的補償がなされ、解放奴隷に関しては、かれらが希望ないしは同意するかぎりで国外植民（colonization）がはかられるべきだとしてきた。その主張は、制度の即時無条件・無補償の廃止、解放奴隷の市民としての全面的受け入れをいう奴隷制廃止論者(abolitionist)の立場とは相当の懸隔がある。その違いの大本は、リンカンが現行憲法の枠組みの中で奴隷制の廃止を考えようとする点にあった。大統領となったリンカンが、いま急にその見解を変える理由はない。

大統領に就任したリンカンはその主張の実現のために、大統領の立場、権限を利用して、奴隷制の廃止に向けたいくつかの積極的な取り組みを展開する。まず、州奴隷制への不干渉という原理的立場は維持しつつ、中立を守る境界南部の奴隷州四州（デラウエア、メアリランド、ケンタッキー、ミズーリ）に対しては、自主的に奴隷制を廃止するように具体的な説得活動を開始する。そしてそれらの州が説得にしたがい奴隷制を廃止する場合に必要となるであろう経済的補償の財源確保に備えて、リンカンは、議会に対して予算措置をとるように働きかけていた。さらに、連邦軍基地に駆け込み、事実上自由の身となったコントラバンドを含め、解放奴隷、自由黒人の国外植民を実現させるために、中米地域を中心にその受け入れ候補地の模索、確保に取り組んでいた。

奴隷制廃止の説得対象として、リンカンがまず選んだのはデラウエア州であった。デラウエアは奴隷州としては全米で最北、最小の州であり、その奴隷制はすでに大きくほころび、州の実質は自由州に近かった。一八四七年にはわずか一票差で自主的な奴隷制の廃棄を逃したという歴史もあった。デラウエアの人口構成はほぼ白人が九万人、自由黒人二万人、奴隷一八〇〇人となっており、黒人法による自由黒人への差別は厳しかったとはいえ、奴隷の行動の自由の縛りは他の奴隷州と比べてはるかにゆるやかな状態であった。奴隷の州外への売却は禁止されていた。他の三州とは異なり、目立った連邦離脱の動きも特に存していない。

リンカンには、デラウエアの説得はいたって容易に見受けられた。かりにデラウエアの説得に成功したならば、これを踏み台にして残りの三州に順次説得を試み、それらを自由州に組み替えてゆく。そうすることによって、中立奴隷州四州の自陣営への取り込みを目論む南部連合の野望を挫けば、戦争の早期終結が期待できる、というのがリンカンの読みであった。

リンカンは、六一年一一月、デラウエアへの働きかけを開始する。デラウエアのただひとりの連邦下院議員ジョージ・フィッシャーをホワイトハウスに招き、自身が作成した制度廃止計画案を提示する。それは、三五歳以上に達した奴隷の段階的解放と奴隷の子が成人するまでの間の徒弟としての使用、奴隷ひとりあたり四〇〇ドルの奴隷主への補償等を主たる内容としていた。リンカンは、本来なら州議会が検討すべき法案を大統領が事前に準備してやるという驚くべきサービスまでしていたが、それはデラウエアの奴隷制廃止にかけるリンカンの思い入れの強さを示していた。リンカンによれば、かりにこれによって奴隷制が廃止されたとして、その総費用はこれまでに支弁した戦費の三分の一にすぎなかった。

フィッシャーはリンカン案をベースに法案を作り直すが、それが新聞に公表されるや、リンカンの予想に反して、反対論が州世論を席巻する。「解放奴隷は完全な市民権を求めて、白人との平等を主張するに違いない」というのがその主要な理由であった。そうした反応は、デラウエアのように奴隷制が形骸化し、風前の灯の状態になっている州においても、なお黒人への偏見がいかに強いかを示すに十分であった。六二年二月、法案は州議会での実質的な審議を経ることなく棚上げされ、そのまま立ち消えとなった。

デラウエアの瀕死状態の奴隷制はその後も生き続ける。結局、デラウエア州の奴隷制が最終的に廃止されるのは、南北戦争終了後の六五年一二月、奴隷制廃止を内容とする憲法修正一三条の成立によってであった。

リンカンの連邦議会への働きかけ

デラウエアで手酷く挫折したリンカンは、六二年三月、メアリランドの下院議員らに奴隷制の自主的な廃止の話をもちかける。しかし、そのうちのひとりは、「奴隷にとっては、自由は奴隷制よりも苛酷である」と反論した。リンカンはさらに、同年七月、境界四州の議員、ヴァージニア、テネシーの連邦忠誠派議員をあわせた二〇数名をホワイト・ハウスに招き、奴隷制の自主的廃止に向けた説得を試みる。

当時、リンカンは奴隷解放宣言を発するかどうかを最終的に決断する直前の時期にあり、リンカンにはこれが自主的な奴隷制廃止を試みる最後のチャンスになるとの思いがあった。リンカンは準備した書面により、「奴隷制は戦争によってどのみち損耗、疲労し、消滅する」「金銭的補償のあるいまのうちがチャンスだ」「植民は容易である」「解放民は植民を歓迎する」などと一部には無理筋気味の説明までしていた。

しかし、数日後に戻ってきた彼らからの回答書面は、「リンカンの行動はその権限範囲を超えている。大統領としての職務に専念されたい」という素っ気なく冷ややかなものであった。こうして境界奴隷州への説得活動は、リンカンにとってははなはだ遺憾な形ですべて失敗に帰する。

リンカンは奴隷制問題に関して自分のとる立場を推し進めるために、議会に対しても積極的に働きかける。リンカンの主要関心事は、植民に関して連邦政府から財政的支援を引き出すことであった。そうした目的でなされた行為として、三つのことがあげられる。

第一は、六一年一二月の議会に対するリンカンの最初の年次報告である。そこには、同年八月に成立した（第一次）没収法（Confiscation Act）により解放された黒人（主としてコントラバンド）、奴隷州が自主的に奴隷制を廃止した場合に生じる解放民、従来からの自由黒人等を国外に移住させるための費用、さらに移住先の土地を確保するのに必要な調査費用等について、立法措置をとられたいとのリンカンの希望が述べられていた。そしておそらくは将来、植民受け入れ先となる可能性を見越してのことであったが、アメリカがいまだ国家として承認していなかった黒人共和国ハイチおよびリベリアの国家としての承認を促していた（アメリカはその後、六二年七月にハイチを、同年九月にリベリアを承認する）。

第二は、六二年三月にリンカンが議会に送付した特別メッセージである。それは、リンカンが年次メッセージに込めた要請に応えない議会に対して、再度の注意を喚起するねらいでなされていたが、リンカンはその中で自身の希望をきわめて率直に述べていた。

それは、「議会は、次のことを両院決議で明らかにしてほしい。すなわち、『連邦政府は、段階的な奴隷制廃止を決定した州に対して、それにともなって生じる各種費用につき金銭的援助の形で協力すべきである』ことである。この決議は最初の第一歩であり、そこから直ちに何かが生まれるわけではないが、これを足がかりに実際的な結果が生まれるものと期待される」というものであった。

リンカンのこの要請に応じて、翌四月、実際に文言までほぼリンカンのいうとおりの両院決議が生まれている。議会はその後、解放黒人らの植民との関連で比較的気前のよい予算を決定するが、もとよりそれは本決議を踏まえてのことであった。

第三は、六二年一二月の議会に対する年次メッセージである。リンカンはこの中で、三つの憲法改正提案、すなわち、奴隷制を廃止した州は国債の形で補償を受ける、戦争の過程で自由となった奴隷は永久に自由である、議会は自由黒人の国外植民のために歳費を支弁できるとの改正提案を提示して、議会の協力を促していた。

しかし、議会がこれに対して特段の反応をすることはなかった。憲法改正が相当の時日を要する手続であるにもかかわらず、加えてリンカン自身が翌月には奴隷解放宣言を正式に発することが確定していたこの時期に、なぜリンカンはこのような提案をしたのか、疑問の残るところであった。おそらくはリンカンが、奴隷解放宣言は戦時の大統領の特別権能に基づくものであるため、中立奴隷州の奴隷制にはその効力が及ばない、そもそも宣言の効力が戦争終了後にまで残ることには疑問がある、などと考えたためかと推測される。あるいは、来るべき奴隷解放宣言がリンカンに残された最後の手段であることを社会に印象づけるとともに、奴隷解放宣言のインパクトを極力小さくする事前努力が必要とされていると、リンカン自身が感じたためであったかもしれない。

リンカンの自由黒人植民論

リンカンの奴隷制廃止策を背後から支える補完的政策が解放奴隷、解放民の国外植民であった。「植民 colonization」とは、奴隷身分から解放された黒人を基本的に国外、特にアフリカに帰還させることを意味していた。アメリカにおいては黒人の植民はその対象者の任意性をベースに考えるのが通例であったが、この任意性の要素を取り払えば、植民は「国外退去 deportation」とほぼ同義となる。

歴史的には、一八一六年、自由黒人をアフリカに戻すことを目的に、有志の政治家、企業家等がアメリカ植民協会（American Colonization Society, ACS）を設立する。ＡＣＳは、後にリベリアとなる西アフリカの地をそのために確保し、連邦政府の財政的支援も受け、植民の実践に取り組む。リベリアの国名は自由 liberty の語に、首都モンロヴィアは時の大統領ジェームズ・モンローの名に由来していた。ちなみに、リベリア建設のアイディアそのものは、イギリスが独立戦争後の一八世紀末、イギリス本国に連れ帰ったアメリカの黒人たちの処遇に困ったすえ、その収容のために建設した西アフリカのシエラレオネ（首都フリータウン）から得たものであり、リベリアはシエラレオネに隣接する地に建設された。

ＡＣＳは南北戦争までの間に総計で約一万人の黒人をリベリアに送り込んでいるが、総じてそれは黒人間では不人気であった。白人主導のＡＣＳの運動が若干の経済的利益の提供を別にすると、黒人のアメリカ居住の事実に関わる権利利益について顧慮するところがないためであった。黒人がACSの運動に積極的に関わることはなかったが、二〇世紀に入ると、マーカス・ガーヴイなどによる黒人自身のアフリカ帰還運動も出現する。それは、外形的、機能的には植民運動と類似していた。

西ヨーロッパの主要国のほぼすべては遅くとも一七世紀中期までに新世界に植民地を保有し、黒人奴隷制を導入した。そうした奴隷制の多くは一九世紀前半には廃止されるが、その廃止手続は総じて単純であった。奴隷主への補償の問題が別にありはしたが（イギリスの一八三三年の奴隷制廃止は有償であった）、制度の廃止そのものは、要するに、本国奴隷主の植民地撤退、植民地に関する権利の放棄、植民地の独立の事実上の承認等があれば足り、その後に本国国民と解放民との共存、共生の問題はほとんど残らない。

ところが、奴隷主が日常生活を営むまさにその場に展開されていたアメリカの奴隷制は、制度廃止の結果生まれる解放民としての黒人、自由黒人をいかにアメリカ社会に受け入れ、処遇するかという、他のヨーロッパ諸国が経験せずに済んだ問題を抱え込む。そしてこのことがアメリカにおける奴隷制の廃棄を困難化する理由ともなる。

この問題に対するひとつの答えが植民であった。そのアイディアは古く、ジェファソンがこれを支持し、リンカンの尊敬するヘンリー・クレイもまた同じ見解をとっていた（クレイは現に、長らくＡＣＳの会長を務めていた）。それは必ずしもつねに黒人の利益に反するわけではないが、基本的には、奴隷制を持ち込んだ責任の大本を忘れ、白人と黒人との共生の不可能を前提にして黒人のアメリカ国外への転出を求める白人本位の発想に基づいたものといわざるをえない。

植民は当然、奴隷制廃止論者、黒人自身から強い反対を受けるが、リンカンは永らくこのアイディアに固執し、大統領としてもある時期まで真剣にこれを実行に移すことを試みていた。そのために、植民先として中南米の候補地を模索し、議会に対しては植民のための財政的手当の実現を求める。奴隷解放宣言を発した後のリンカンはほぼ完全に植民のアイディアを放棄するが、黒人の解放者、黒人の父としてのリンカンがかつて解放黒人の国外植民を本気で実行しようと取り組んだ事実は、そのイメージの純粋性を傷つけるものとして歴史に残ることになる。

リンカンはなぜ植民に強くこだわったのか。リンカンは革新的、前衛的な政治家ではない。政治家リンカンの行動基準は世論であり、社会が受け入れ可能な最良の世論部分を的確に選び取り、それを政策に移すことであった。奴隷制の廃止は解放奴隷の国外植民とのセットとしてのみ社会はこれを受け入れると、リンカンは固く信じていた。ではリンカン自身は黒人を一〇〇パーセント市民、隣人として受け入れる用意があったかといえば、それも明確ではない。リンカンは奴隷解放宣言後は植民に関して公的に発言するのを止めるが、植民について完全に関心を失ったわけではないことを示す若干の事実もなお見られる。ジェファソンとは異なり、黒人に対する嫌悪その他の偏見からは比較的自由なリンカンではあったが、それでもなお、白人至上主義的時代の政治家として時代的な偏見から完全に逃れることはできなかったと評される。

リンカンの植民計画の実践・その一　チリキ植民計画

リンカンの植民への取り組みを具体的に見てみよう。ひとつは契約の完了する段階で取り消しとなったチリキ（Chiriqui）植民計画であり、いまひとつは現に植民を開始したものの、一年を経ずして撤退することになるバッシュ島（Ile a Bache, Cow Island）植民計画である。

リンカンは就任直後の六一年四月、パナマ地峡のチリキ地方（今日ではパナマ西岸の一州をなす）に数十万エーカーの土地を有するというフィラデルフィアの造船業者と、ホワイト・ハウスで面談する。業者は、チリキは天然の良港と石炭鉱脈を備え、五万人の植民が可能だと説明する。リンカンは大いに心を動かされ、同年一〇月、内務長官ケイラブ・スミスに契約締結を任せる。が、その直後にスューワッド、チェイス等の反対を受け、計画はいったんはストップすることになる。

ところがその後、連邦陸軍大尉であった業者の息子がリンカンに直訴の手紙を書いたことから、チリキの話が復活した。キャンザス州の上院議員サミュエル・ポメロイが移民希望の黒人を一万人以上集めるところにまで話は進んでゆく。しかし、六二年九月、計画は唐突に事実上の中止に至る。チリキの土地の権利関係に争いがあること、石炭の品質が低質で使い物にならないこと、チリキ植民計画に周辺国が反対していること等が判明したためであった。

リンカンは、同年八月、このチリキ植民計画について黒人コミュニティの理解を得るねらい等から、ワシントン在住の黒人聖職者五名をホワイト・ハウスに招いている。が、会見は、その意に反して、リンカンの人格および本計画の評判を貶めるように働いた。リンカンにとってはきわめて珍しいことであったが、リンカンの言動がなぜか威圧的で押しつけがましすぎたようで、黒人聖職者らを憤慨させたのであった。

リンカンの植民計画の実践・その二　バッシュ島植民計画

いまひとつの植民計画、バッシュ島植民計画は、チリキの話が行き詰まったとほぼ同時期の六二年秋に浮上してくる。チャールズトン出身でフロリダにプランテーションを持つ実業家がリンカンのもとにその話を持ち込んできたのだ。ロンドン万博で良質のハイチ綿に出会ってその栽培を思い立ち、わざわざハイチにまで出向いた、その際に大統領（ファブル・ジェフラール Fabre Geffrard）からハイチの離島、バッシュ島を一〇年間借用する権利を得た、ハイチ側はアメリカの黒人移民を歓迎している、さしあたり連邦の負担費用を一人あたり五〇ドルとして五千人の植民を計画している、などという。

リンカンはこの誘いにもまた心を動かされる。実業家には不審な点もあり、閣僚は慎重であったが、リンカンは、奴隷解放宣言発出前日の同年一二月三一日、ホワイト・ハウスで契約書にサインする。リンカンはそれでも、スューワッド等の助言を受け入れ、契約の実行をいったんはストップさせる。が、その後、ニューヨークの複数の投資家等の計画への参加が得られ、計画が財政的に健全化されたとして、六三年四月はじめ、契約が再度締結されることになる。

これにしたがって、同月中旬、コントラバンドとその家族を中心とする四五〇人余の移民団がヴァージニアのモンロー基地を出発し、ハイチの離島に向かう。しかし、彼らの前途は予期に反して、さんざんであった。まず航行中に早くも船内で天然痘が発生するという災厄に出会う。目的地のバッシュ島に到着してみると、あるはずの入植者のための住居が見当たらない。食料品等の備蓄もない。アメリカ本土からやって来るはずの補給船もいっこうにやってこない。さらに同行したプロモーターの実業家が移民団に対して支配者のように振る舞う。移民団のまとまりは同年秋には早くも崩壊しはじめ、一部の移民はいち早く島を去る。

リンカンは六四年二月末、移民団の引き上げを決意し、軍に対して救援船を出すように命じる。同年三月、救援船がポトマク川に戻ってきたとき、移民の数は約三五〇名に減っていた。リンカンは、このとき以後、解放黒人の植民について公に言及することはなくなった。

リンカンが植民計画に失敗した大きな理由のひとつは、外交ルートによらず、政府契約の利権に群がる、評判の芳しくない民間業者を通じてこれを実現しようとしたことにあった。リンカンはそのキャリアにおいて外交的な訓練、経験をまったく欠いており、外交への関心も総じて高くはなく、植民問題以外の外交事項については、基本的にスューワッドにすべてを任せていた。

リンカンと連邦議会特別会期

六一年七月四日、議会の特別会期がはじまる。南部の民主党議員のほとんどが去ったいま、上下両院は共和党が多数を占めるが、それは寄りあい所帯の過去の経緯を引きずり、一枚岩の結束を欠いている。他方、民主党も内部的には、多数派の戦争支持派(War Democrat)と和平派(Peace Democrat)とに分かれていた。

議員たちの多くは、国難に際して重要政策を決めるのは大統領よりも経験、識見にまさる自分たち議員であると自認していたが、議院においても党においても議論をリードするのは共和党ラディカル派であった。彼らは、数としては少数であったが、長い議員キャリアのゆえに多くの委員会の委員長職を占める者が多く、社会に対しても強い発信力をもっていた。

招集された議会がまずなすべきは、戦争開始から三か月弱の間にリンカンがとった戦争関連措置の是非の審議であった。しかし、すべては事後的な審議であり、議会としては基本的に追認する外はない。リンカンが特別会期の招集を七月にまで遅らせたのは、その間にできるだけ多くのことを議会の干渉なしに済ませておくという巧妙な計算があったからであり、この点はリンカンの作戦勝ちであった。とはいえ、リンカンが計算だけで動いたというのは正確を欠く。リンカンは、戦争事項は憲法上、大統領の専権事項であると固く信じていた。

特別会期における奴隷制の検討

奴隷制との関連で特別会期はふたつのことをした。ひとつは、ブルランの敗戦の直後に、本戦争の目的は憲法の擁護、ユニオンの維持であると決議したことであった(いわゆるクリッテンデン・ジョンソン両院合同決議)。それは、戦争に対するリンカンのスタンスを議会が了解したことを意味していた。

その含意は、連邦にとっては脱退州をまず連邦に取り戻すことが最優先課題であり、そのためその奴隷制について干渉することはしない、つまり、連邦は脱退州の復帰に際して南部社会の民主化、構造改革にまでは手をつけない、ということに外ならない。そのうらには、連邦は意外にもブルランで敗北を喫しはしたが、戦争は全面戦争に至る前になお北部の勝利によって収束可能だとの見通しがあった。

いまひとつは、第一次没収法(Confiscation Act)の制定である。同法は、反乱目的に使用された施設、財産の没収手続について定めるが、それとの関連で、反乱軍の用いる奴隷について、奴隷主はその権利を失うとする。奴隷主の権利喪失が当然喪失であるのかその他の財産の場合と同じく法的手続を経由する必要があるのか、法文からは不明な点があったが、同法はベンジャミン・バトラーのコントラバンド論を追認し、奴隷主の権利喪失を明らかにすることをねらいとしていた。

同法は軍が積極的にコントラバンドを受け入れるべき義務までは定めていない。が、バトラーの議論の出現後もなお散見された、基地、軍指揮官による逃亡奴隷の受け入れ拒否に対して抑止的に作用する可能性を含んでいた。少なくとも奴隷主の権利に対して否定的な議会の意思、姿勢はそこに明確に示されていた。

しかし、いまだ戦争の先行きの見通せない時期だったこともあり、リンカンはこの没収法を必ずしも歓迎してはいなかった。連邦軍の進攻がないかぎり、法の実効性が生まれないうえ、そもそも議会が反乱州の奴隷制に関与しうるか、コントラバンドを解放自由民として扱うことができるか等について、憲法レベルでの疑問もあった。リンカンによれば、戦時においては、最高司令官としての大統領のみが軍事的な必要性のある場合にかぎって、平時の憲法的制約にとらわれることなく軍事的措置をとりうる（いわゆる war power をもつ）のであった。しかし、積極的な法執行に自分が手を貸さなければ、没収法が特に害をもたらすわけでもないことを考慮し、リンカンは結局、拒否権を発動しなかった。

特別会期で得た経験により、リンカンの対議会スタイルはほぼ確立される。奴隷制がその実質的な争点をなす戦争政策については、断固として大統領の見解、権能を守り抜く。議会のとる政策に関しては、政権としては是々非々で対応し、議会に対して不必要な対決主義はとらない。議員の大統領との話しあいに関しては、党ラディカル派を含めて窓口はいつでもいかなる事項についても開かれている、といったことであった。

奴隷制に対する連邦議会の積極的関与

六一年一二月開催の第三七回議会第一会期では、議会の雰囲気は様変わりする。戦況が動かないのがその主な理由であったが、「戦争を大統領だけに任せてはおけない」という雰囲気が議会を支配する。下院においては開会の翌日、ジョン・クリッテンデンから、先の七月と同じように、戦争目的が憲法の擁護、ユニオンの維持であることを確認する旨の決議提案がなされるが、多数の共和党議員の反対によって否決される。

そしてこのころには、「大統領は奴隷の解放措置をとるべきだ」との圧力が共和党ラディカル派から公的、私的関係を通じてリンカンに強く加えられ、リンカンを追い詰めはじめる。しかし、リンカンは、奴隷解放が目的となった戦争を白人兵士がほんとうに命をかけて戦うか、奴隷解放目的が加わることによって、これまで中立を守ってきた境界奴隷州が南部連合に駆け込むことはないか等の疑問から逃れることができなかった。

奴隷制に関する議会の攻勢は、六二年の春になると一気に勢いを増す。無為無策との批判の矢面に立っていたリンカン政権とは対照的であった。まず、同年三月、軍関係者に対して逃亡奴隷の返還を禁止する、戦争条項（Article of War）追加法を制定し、翌四月には、首都ワシントンにおける奴隷制廃止法を、六月に、領土における奴隷制廃止法を制定、さらに七月には、第二次没収法、民兵法（Militia Act）を制定する。

軍法会議にかけるとの威嚇による逃亡奴隷の返還禁止を戦争条項として付加するアイディアは下院の軍事委員会報告書に端を発していたが、議会はほぼ全会一致でこれを承認し、リンカンも即日これに署名する。これにより、逃亡奴隷法は軍との関係では完全に意味を失い、軍のスタンスにぶれは生じえなくなる。奴隷主への補償は、連邦への忠誠のいかんにかかわらず与えられない。しかし、境界奴隷州の奴隷が軍基地以外の場所に逃げ込んだ場合には、理論的にはなお逃亡奴隷法の適用いかんの問題が残ることになる。同法が最終的に廃止されるのは、六四年六月のことであった。

首都ワシントンの奴隷制廃止法、連邦領土の奴隷制廃止法

首都ワシントンの奴隷制の廃止を望む声は、すでに三〇年代から存していた。通説的憲法解釈によれば、連邦直轄地ワシントンについては連邦議会が管轄権を有しており、連邦議会がその奴隷制を廃止する際には、州主権の侵害といった憲法上の障害は存しない。それにもかかわらず長らくそれが実現しなかったのは、ワシントンの奴隷制の廃止が象徴的に州奴隷制廃止の突破口となるのを

南部がおそれ、強硬にこれに反対したためであったが、戦争のさ中にようやくそれが実現する。主として家事使用人として働く首都在住の奴隷三千人がこれによって解放される。法制定に向けての大統領の側からの誘導、働きかけは植民費用のための予算的手当の規定を除いては特になかった。

同法の中身の主要点は、①本法により、すべての奴隷は自由民となり、以後、ワシントンの奴隷制は消滅する、②連邦に忠実を誓う奴隷主は奴隷一人あたり三〇〇ドルまでの補償を受けえ、そのための資金として最高一〇〇万ドルが充てられる、③自由黒人の海外植民費用として一〇万ドルが別に充てられ、大統領の指示により上限一人一〇〇ドルが支弁される、というものであった。

それは、即時無条件、有償の奴隷制廃止法であり、リンカン自身が連邦下院議員であった四九年に考案した廃止法案とは、その即時性、ワシントン市民の賛否いかんを問わない等の点で異なっていた。リンカンは五日間考えたのち、これに署名する。

なお、本法の二か月後に制定された連邦領土における奴隷制廃止法は、対象奴隷の数が極端に少なかったため、そもそも特段の議論が交わさることさえなかった。法は、ワシントンの奴隷制廃止法の場合とは異なり、奴隷主への補償、解放民の植民等にはまったくふれず、ただ奴隷制の廃止だけを簡潔に謳っていた。

「連邦議会は奴隷制の領土への進出を妨げることができない」との奴隷州の主張にお墨付きを与え、五〇年代後半の混迷するアメリカ社会をさらなる混迷に導き、南北戦争の遠因ともなったドレッド・スコット事件連邦最高裁判所判決はすでに遠い過去の話であった。その幕引きは拍子抜けするほどあっけなかった。

その他の反奴隷制立法　第二次没収法、民兵法

第二次没収法は、反逆・反乱罪の処罰のほか、それが反乱目的のために使用されているか否かにかかわらず、南部連合に与する奴隷主の所有財産の没収、その奴隷の解放、さらに解放民、黒人の軍事目的への使用等について定めていた。法案は、膠着状態の戦況の打開、連邦軍の勝利のために議会としてできるかぎりの寄与をすべきだとの議会の側の基本的動機に支えられ、会期の開始と同時に、上院の司法委員会委員長ライマン・トランブルから提出されていた。審議は議論百出で容易にまとまらないが、ジョージ・マクレランの半島作戦の失敗がその実現を後押しすることとなり、会期終了直前の六二年七月半ばにようやく法成立にいたる。

しかし、本法はいくつかの問題点を含んでいた。その法執行については大統領に丸投げする以上のことはしておらず、法理論的には第一次没収法と同様の憲法上の問題を含んでおり、さらには私権剥奪の禁止（憲法第一章九条三項）違反という新たな憲法問題をも抱え込んでいた。リンカンは拒否権の発動のために事前に作成し、準備していた対議会用の理由説明メッセージをわざわざ付して、法案に署名した。

民兵法は、反乱の鎮圧目的のために黒人（person of African descent）を使用することを大統領に認める第二次没収法の規定を詳細化するとともに、黒人兵士を受け入れた際のその処遇について具体的に定めていた。黒人の正面切っての戦争参加に道を開く法として反奴隷制の立場からは歓迎されたが、白人兵士の処遇との間には顕著な差があった（ほぼ一年後に矯正されることになるが、当初、黒人兵士の給与は月一〇ドル（内、制服費用三ドル）とされ、白人兵士の一三ドルと大きく異なっていた）。

これらの反奴隷制立法は、奴隷制に反対する議会の側の強い意思を表現したものであった。奴隷制の威力を減殺するのに議会がなしうることはすべてなし、リンカンの抜本的な決断を促すという議会の意図が込められているようであった。世論も総じて、議会と同じ方向を向いていた。

そうした社会の意思はいまやリンカンにとっても容易に無視しえないものとなりつつあった。リンカンは第二次没収法成立の時点では、いまだ公にはしていないが、すでに奴隷解放宣言発出の意図を固めていた。リンカンは本法の実効性、合憲性等について大きな疑問をもっていたが、自身が一般的な奴隷解放宣言を発すればもはや本法を使用する必要はなく、したがって、拒否権の発動によって議会との関係を悪くするまでの必要はないと判断したようであった。リンカンに奴隷解放宣言の発出を決断させた基本的な理由は戦況の閉塞状況であったが、六二年三月から七月にかけての、奴隷制に向けた議会の猛烈ともいうべき攻勢、リンカンへの圧力がリンカンの決断の一大要因として作用したことは疑いなかった。

第七章　奴隷解放宣言とその波紋

奴隷の解放は、戦争の長期化、それにともなう犠牲者の増大、兵士の不足等に苦しむ連邦にとって大きなメリットがあった。それ自体としての積極的意義を別にしても、それはまず、間接的な戦力、銃後の生産力としての奴隷を南部連合から奪い去る。解放民は連邦軍の戦力として利用可能となる。その道徳的優位性によって兵士の志気を高め、外国勢力の南部連合への加担を阻止することにもなる。とはいえ、奴隷解放は奴隷制社会としての南部の文字どおりの破壊を意味し、まさにそれゆえに南部の必死の抵抗をさらに強め、戦争の総力戦化に拍車をかけることになる。

奴隷の解放には、北部社会としても相当の覚悟が必要となる。それは奴隷を奴隷身分から解き放ち、市民として遇することである。解放民の一般的な国外植民が可能なわけがない。彼ら解放民の問題は、戦争が終わればたちまち連邦自身の問題となる。彼らは良きアメリカ市民となりうるか。白人との共生は可能か。北部社会、軍は本当にそのようなことを望んでいるのだろうか。

大統領による奴隷解放宣言を盛んに鼓吹する黒人指導者、奴隷制廃止論者、与党共和党のラディカル派、共和党系の新聞等を前にして、リンカンはその功罪を思案し苦悩する。それでも六二年の夏までには、リンカンは奴隷解放宣言の発出をほぼ決断する。同年九月、予備的奴隷解放宣言を発表し、これに対する世論の反応を確認したのち、六三年一月一日、正式に奴隷解放宣言を発する。

それはとりわけ社会の保守層、民主党支持者の間では不評であった。民主党の和平派にとっては、奴隷解放宣言への反対は戦争への反対とまさに一体化していた。「われわれはなぜ黒人のために命をかけて戦わなければならないのか」との不満をもつ兵士もいた。しかし、民主党の一貫した強い反対にもかかわらず、時の経過、戦争の推移とともに、社会全般の反対は次第にやわらいでゆく。奴隷解放宣言は連邦軍の進攻とともにその威力を発揮し、黒人のプランテーション離脱、戦争参加の促進に大きな役割を果たすのであった。

戦況の行き詰まりと抜本的打開策の模索

それによって戦争は一挙に終結するだろうと、リンカンのみならず北部社会全体が大きな期待を寄せたジョージ・マクレランの半島作戦は、マクレラン自身による戦闘の中止により、失敗に終わる。事情を呑み込めないリンカンは、六二年七月八日、ポトマク軍の宿営するジェームズ川沿いのハリソン・ランディングにまで出向き、マクレランと面談するが、すでに戦闘継続の意欲を失い、それを根拠のない戦力、援軍の不足のせいにするマクレランを発見し、ポトマク軍の完全撤退を落胆とともに決断する。ユリシーズ・グラントの指揮下で春先までは順調に進展していたテネシー西部、ミシシッピの西部戦線でもその後にめざましい展開はない。

議会は共和党ラディカル派の主導のもと、大統領の守備範囲まで脅かすような攻撃的な反奴隷制立法、戦争戦略関連立法を次々と成立させ、リンカンに対して議会と歩調を合わせるように迫っていた。他方では、数そのものは多くはないが、民主党和平派が正面切って戦争の中止を唱えはじめる。境界奴隷州に対して補償付きで自主的に奴隷制を廃棄させようとするリンカンの試みは、七月一二日、ホワイトハウスでのそれら州の代表との会談で、完全に道を断たれた。いまこそ大統領のイニシアティブによって奴隷制の完全撤廃が試みられるべきときのようであった。

リンカンは、第三七議会第一会期が休会に入った直後の六二年七月二二日、閣議において準備してきた予備的奴隷解放宣言案を読み上げる。それは、リンカンが各前線からの状況報告を受けるなどのために日課のように訪れていた陸軍省電信室の机で、六月以来密かに案文を練り、少しづつ書き上げてきたものであった。リンカンの宣言案を事前に知る者は、スューワッドら数名に限られていた。

閣議ではじめて宣言のことを知った閣僚たちは、宣言が反乱州のすべての奴隷の一挙的解放を内容とするのを知って、まず驚く。しかし、これに対して全面的な反対をいう者はいなかった。「宣言は今秋の中間選挙、地方選挙に影響しないか」「宣言を奇貨として奴隷、黒人の反乱が生じる心配はないか」「解放民が大量に北部に流入してこないか」等の消極的ニュアンスの疑問が出されるが、リンカンに翻意を求める類いの意見ではない。

ただリンカンは当初、閣議終了の翌日にそれを発表する意向であったが、スューワッドの意見を聞いたのちに、宣言の公表を当面思いとどまることとする。スューワッドの意見とは、「現時点での宣言の発表は、戦局が行き詰まり万策が尽きたため、連邦が苦し紛れの窮余の策としてこれを持ち出してきたとの印象を与えかねない。戦況の好転まで公表を控えるのが賢明ではないか」というものであった。リンカンはこれにしたがうが、その決断は宣言の中止ではなく、適当な時機が到来するまでの保留であった。

予備的奴隷解放宣言の発出

リンカンが奴隷解放宣言を発するかもしれないとのうわさが世間にまったくなかったわけではないが、政権内の正確な動きを知らない議会、世論は、その後もリンカンの無為無策を激しく批判し続ける。奴隷解放宣言の発表にふさわしい連邦軍の勝利の到来を心待ちにするリンカンは批判に耐え、宣言がすでに用意されている事実については完全な沈黙を守る。同年八月の公開書簡においても、リンカンは、「本戦争の最重要目的はユニオンを救うことであって、奴隷制を救うことでも破壊することでもない。奴隷をひとりも解放しなくともユニオンが救えるのなら、私はそうするし、逆にすべての奴隷を解放することによってしかユニオンを救えないのであれば、そうもしよう」というにとどめ、奴隷解放宣言の発出がさし迫っている気配を感じさせるところはまったくなかった。

アンティータムの戦いの直後のリンカンとマクレラン将軍の会見

しかし、好機はなかなかやって来ない。それどころか八月末には、連邦軍は一年前と同じように、ブルランでふたたび南軍に敗れる。マクレランの半島作戦の失敗に勢いを得たロバート・リーの北ヴァージニア軍がいち早く北上し、臨戦態勢をゆるめるポトマク軍の虚をつき、ワシントン方面の守備を担当していたジョン・ポープ軍（Army of Virginia）を打ち負かしたのであった。

戦況にようやく好転が見られるのは、同年九月の半ばであった。マクレランの半島作戦を挫折させ、ブルランでも連邦軍に勝利した北ヴァージニア軍は休む間もなくさらに北上を続け、ついにポトマク川を越えてメアリランドにまで攻め入る。しかしその頃には、北バージニア軍は疲労困憊し、武器装備、糧食にも不足をきたす状態となっていた。ボロボロの靴はもはや使い物にならず、裸足で行軍する兵士までいたという。

メアリランド北西部州境付近のシャープスバーグでこれを迎え撃ったマクレランのポトマク軍は、侵入者をヴァージニア側に押し戻すことにかろうじて成功する（アンティータムの戦い）。その際の戦闘は激しく、両軍が被った死傷者は一日のそれとしては南北戦争を通じて最多の二万三千人にも達していた。

だが、マクレランはここでもリンカンに強い不満を与えずにはおかなかった。リーの北ヴァージニア軍をポトマク川北岸に追い詰めておきながら、致命的な最後の打撃を与えることを躊躇し、その間にリー軍がポトマク川を渡ってヴァージニア側に逃走するのを許すのである。これによりリー軍の本体部分は生きながらえ、戦争をその後さらに二年半の長きにわたって続けさせることになる。リンカンは二か月後の一一月、ついにマクレランを軍のすべての任務から解く。

とはいえ、アンティータムの戦いは、南軍をメアリランドから排除したという意味では不満足ながらも、勝利といいえた。リンカンはこれを、ひたすら待ち続けてきた予備的奴隷解放宣言の発表機会として利用する。

六二年九月二二日、急遽、閣議を開き、七月の宣言案に若干の手直しを加えた宣言文を報告し、これを一気に大統領宣言として発表する。それが予備的といわれる理由は、「南部連合に集結する反乱州が本日から一〇〇日の間に連邦に帰順しなければ、六三年一月一日、反乱州の奴隷の解放を断行する。その際には、あらためて解放宣言の適用される州、地域の正確な範囲を指定する」旨の予告をその内容としていたからである。

リンカンはなぜこのような予告を必要と考えたのか。リンカンにとっては、手続の公正への配慮というよりは、最終的な宣言発出への躊躇、発出までの間の事態の一般的改善への期待、境界奴隷州による奴隷制の自主的廃止の誘導、さらにはリンカンの戦争政策への批判の当面の回避等々のことが大きく働いていたようであった。

予備的奴隷解放宣言の内容

予備的奴隷解放宣言の主たる内容は、次のようであった。

①私リンカンは、大統領および軍最高司令官として、本戦争が連邦と反乱州およびその州民との間の憲法上の関係［ユニオン］の回復を目的として遂行されていることを確認する。

②私は、反乱状態にない奴隷州が自主的に奴隷制を廃止した場合にこれらの州に与えられるべき金銭的援助措置を、次議会に再度提案するつもりである。解放民等の同意に基づく国外植民の実施については、引き続きその努力をする。

③来る一八六三年一月一日の時点で、反乱州の奴隷は、永久に自由の身となる。政府は軍を含め、解放民の自由の享受を妨げることはない。
④政府は、一八六三年一月一日になされる宣言において、反乱州あるいは州内の反乱地域を具体的に指定する。
⑤一八六二年三月の逃亡奴隷返還禁止法および一八六二年七月の第二次没収法に留意されるべきである。私はすべての軍関係者に対して、その順守を命じる。
⑥政府は、反乱に加わっていない奴隷州の州民に対して事態の収束後すみやかに、奴隷の喪失を含めて連邦の行為によって被った損害について補償を受けられるようにするため、議会にその旨の提案をする。

予備的奴隷解放宣言の核心はもとより上記③④にあったが、全体として見るとき、宣言はリンカン内部の微妙な迷い、あいまいさを反映しているようであった。リンカンの文章に特徴的な無駄のない組み立て、旗幟の鮮明、レトリックの妙などがまずそこには見受けられない。戦争の目的は依然として奴隷の解放ではなく連邦、ユニオンの維持にあるとする一方（①）、境界奴隷州による自主的な奴隷制廃止を期待し、制度廃止とともに生まれる解放民の国外植民をいい（②）、さらに、奴隷を失った境界奴隷州の奴隷主に対する補償を考える（⑥）。

右宣言中に、奴隷解放に向けたリンカンの強い意思がみなぎっているとは、どうもいいがたい。そもそもなぜ奴隷を解放しなければならないのか、その法的根拠、理由は何か、解放された奴隷の法的地位はどうなるのか等の十分な説明がなく、奴隷の一般的解放にに向けられているはずの照準にブレがある。奴隷解放への意欲、迫力に欠けるというよりは、奴隷解放への躊躇、迷いがあるように見えるのである。六二年一二月、議会に対する年次報告でしたリンカンの憲法改正提案はその内容そのものに奇妙な点があったが、それは予備的宣言が多少とも迷走気味にした約束（②）を果たすための辻褄合わせのようでもあった。

予備的奴隷解放宣言に対する社会の反応

しかし、予備的宣言に付着したあいまいさにもかかわらず、社会の注目はもっぱら③の点に集中する。そのいうところがリンカンの従来の主張とまったく異なることは歴然としている。六三年一月一日の到来とともに、奴隷主、州の同意などとは関係なしに奴隷は奴隷身分から解放され、自由民となる。奴隷主への経済的補償はない。奴隷主の連邦への忠誠のいかん等をいっさい考慮しない一般的な解放であるという点では、第一次・第二次没収法の立場とも異なっている。

奴隷の解放が端的に戦争目的として位置づけられたというわけではないが、実際問題として戦争と奴隷解放とがいまや不即不離の関係となることは避けられない。奴隷制廃止論者、共和党ラディカル派らは、宣言により戦争の性格が変わることを察知し、大歓迎する。黒人指導者フレデリック・ダグラスは、宣言によって北部の戦争に「聖戦」の要素が加わったとまでいう。ラディカル派以外の共和党員の多くも宣言を支持する。

しかし、民主党員は戦争支持派をも含め、奴隷制には手をつけないままでの南部州の連邦復帰を標榜するため、総じて宣言には反対であった。奴隷の逃亡が加速するのを警戒する境界奴隷州は連邦に裏切られた思いを抱くが、もとよりいまさら南部連合になだれ込むだけの気力も体力もなくなっている。南部連合は、宣言は奴隷の反乱、蜂起をそそのかす悪魔的な措置であると、感情的にさらに憤激し、その全面戦争姿勢をいっそう強める。

宣言が奴隷の逃亡、反乱等を刺激し誘発しても不思議ではないようであったが、実際には奴隷の集団的、組織的な逃亡、反乱はどこにも発生しなかった。それでも株価は下落し、六二年一〇月の中間選挙では民主党が躍進し、共和党が下院で過半数を割り込むなどの事態が生じもした。たしかに宣言は社会の注目を集め、リンカン政権に対する一定の批判を呼びもしているが、総じていえば、反動は予測の範囲を超える混乱をもたらすほどのものではなく、何とか社会に受け入れ可能なもののように見えた。

奴隷解放宣言発出前夜の政治社会状況

六二年一二月中旬、首都ワシントンと南部連合の首都リッチモンドとのほぼ中間地点のフレデリクスバーグの戦いにおいて、マクレランのあとを継いだポトマク軍司令官アンブローズ・バーンサイドがリー軍によって死傷者一万三千人に達する惨敗を喫し、リンカン政権の責任問題が発生する。共和党ラディカル派は、より厳しい戦争遂行のないかぎり、民主党和平派主導の妥協がなされ、奴隷制を残したままのユニオンの回復になりかねないと、リンカンに強く抗議する。その直後には、財務長官チェイスの遠隔誘導に呼応して、議会から政権内部の不一致、不協和についての改善、善処方の要求が突きつけられ、国務長官スューワッドの更迭もやむなしかと思われる困難な政治状況が生じる。リンカンの巧妙な事態対応により、何とか両長官をそのまま職務にとどまらせることに成功し、リンカン政権はからくも混乱の難局を乗り切った。

社会の関心事はいまや、リンカンが六三年一月一日にその予告どおりに、奴隷解放宣言を発表するかどうか、この一〇〇日の間にリンカンに心変わりはないかに移っていた。そしてリンカン自身はこの間も、解放奴隷の植民先の確保に腐心していた。予備的宣言の発出とほぼ同時期にパナマのチリキ地方への植民計画案がつぶれるが、その後にすぐさまハイチのバッシュ島が登場してくる。リンカンには、植民とセットでなければ社会は奴隷解放を受け入れないとの強迫観念があったようだ。予備的宣言が植民に言及するのはそのためであったが、ここでもまたリンカンには思い違いがあった可能性が強い。

というのも、解放された黒人の多くがアメリカを捨てて国外に移住することを望んだりしないのはだれの目にも明らかであり、かれらの任意性を前提にするかぎり、解放民の大規模な国外植民が実際にはありえないことを社会の側は先刻承知しているようであった。リンカンは拍子抜けしたに違いないが、社会は総じて予備的宣言を受け入れる気配であり、そこに植民計画の成否いかんが強く関係しているようには見えなかった。逆に奴隷解放反対派は、解放と植民とがセットであるからといってその反対姿勢を軟化させるというものでもないようであった。

こうした社会の反応はリンカンの内心に微妙な変化を生じさせる。正式の奴隷解放宣言の発出にいまや迷いはなく、リンカンは、予備的宣言よりはるかに直截かつ簡明な奴隷解放宣言を発表する。一〇〇日の予告期間は大いに意味があった。それは、だれもが予想したとおり、南部州を連邦に復帰させる魔力などはいっさいもたず、境界奴隷州に奴隷制を放棄させることにもならなかった。が、リンカンにとっては世論を正確に把握する絶好の機会となり、社会の側では宣言反対派を含めて、その受け入れのショックを和らげる準備期間の意味をもった。予告期間の設定は、リンカンの政治家としての知恵の証となった。

本宣言としての奴隷解放宣言

リンカンは、六三年一月一日、予定どおり、奴隷解放宣言を発表する。社会にはリンカンの途中での心変わりを危ぶむ声もあったが、予備的宣言の発出後はリンカンに特段の迷いはなかった。発表された奴隷解放宣言は、閣議で出てきた意見を参考にしてリンカン原案に若干のマイナーな変更が加えられてはいたが、そのすべてはリンカンがひとりで書き上げたものであった。その内容構成は、次のようになっていた。

①私リンカンは、先の予備的奴隷解放宣言でした約束にしたがい、合衆国に対する反乱州および州内反乱地域をここに指定する。［この指定から除外されたのは、南部連合に加わらなかった境界奴隷州四州、および、当時、連邦軍の支配下に入っていたテネシー、ルイジアナ、ヴァージニア各州の一部であった。］

②この州および州内地域の指定は、武力反乱が合衆国に対して現実に発生した場合に陸海軍の最高司令官に対して与えられる権能に基づき、その鎮圧に「適切かつ必要な戦争措置」としてなされるものである。

③私はこの権能に基づき、上記指定の州、州内地域のすべての奴隷が今後自由であること、政府、軍はその自由を承認し維持することを宣言する。

④私は、解放民が暴力を揮うことのないよう指示し、また、事情の許すかぎり、相当の賃金によって誠実に労働することを勧告する。

⑤私はさらに、条件を満たした解放民が要塞の守備その他の軍務に受け入れられることを宣言する。

⑥誠心より正義にそった行為であると確信され、憲法が認め、軍事的な必要もある本宣言に、人類の賢明なる裁定、全能の神の慈悲あふれる加護が与えられることを祈念する。

正式の奴隷解放宣言は予備的宣言の三分の二弱のサイズ（約一七〇〇語）の文書であり、アメリカ独立宣言におけるような前文は有していない。奴隷制への悔恨・反省、自由の賛美、平等社会への憧憬等についてふれるところはまったくなく、冒頭から直ちに、予備的宣言との整合性の説明と技術的な州・地域指定（上記①部分）とを散文的、事務的文章によって粛々と述べる。しかもそれだけで宣言の過半を占める長さである。ときに奴隷解放宣言が「法律家の召喚状のようだ」（カール・マルクス）、「船荷証券だ」（リチャード・ホフスタッター）などと揶揄気味に評されるのは、宣言のこうした素っ気なさをとらえてのことであった。

たしかに奴隷解放宣言には、歴史的な文書にふさわしい崇高な平等理念、人類の普遍的価値観、正義の感情等についての記述が皆無である。上記⑥の部分がわずかにそれに類したねらいをもっているが、それが省略のないすべてであり、しかもそれさえもリンカンのもともとの原案には入っていなかった。リンカン案のあまりの飾り気のなさを指摘したチェイスのアイディアが最後の検討段階で付加されたものであった。

人びとを厳粛と敬虔の境地に誘う格調高い文章をだれよりも得意としたリンカン、奴隷解放宣言が歴史的文書となるさだめを負っていることを十分に理解していたリンカンが、なぜこのように徹頭徹尾事務的な体裁を貫く奴隷解放宣言を作成したのだろうか。

おそらくは、奴隷解放宣言はやむをえない戦時措置としてなされるものであり、粛々と事務的に行うのが得策である、北部の反南部感情を不必要に煽ったり、南部の北部への憤り、怨念をさらにかき立てることは極力避けられるべきだ、との判断によったもののようであった。

奴隷解放宣言とゲティズバーグ演説との関係

リンカンは、奴隷解放宣言では控えていた奴隷制廃止の意味づけ、その実質的な意義についての説明を、その後、六三年一一月のゲティズバーグ演説において見事に果たすことになる。多くの人が「人民の人民による人民のための政治」の句で知るゲティズバーグ演説は、ゲティズバーグの戦いで命を失った連邦兵士四千余名の鎮魂のために建立された国立墓地の完成式典においてなされた、わずか三分弱の演説であった。

ちなみに、ゲティズバーグの戦いとは、六三年七月はじめ、ロバート・リーが長引く戦争で国土は荒廃し、軍力、人心ともに沈滞していた南部連合の戦闘意欲をかき立て、同時に北部の厭戦気

ゲティスバーク演説（1863年）前後のリンカン

分と和平の機運を誘い、醸成することをねらいとして、北ヴァージニア軍を率いてペンシルヴェニア州内に攻め入り、ゲティズバーグにおいてジョージ・ミードの指揮するポトマク軍と三日間にわたって大規模な戦闘を繰り広げたというものであった。ほとんど無理筋の戦いを挑んだリーは、苦戦の末、ミードの追撃の甘さに助けられてかろうじてヴァージニア側に撤退し、北ヴァージニア軍が瓦解、壊滅するのを免れていた。

リンカンは、ゲティズバーグ演説の中で奴隷制、奴隷、黒人等の言葉はいっさい使用せず、奴隷解放宣言によって戦争目的が自由の実現にまで拡大されてゆく経緯についても特にふれてはいない。しかし、それがいう「自由の新たなる誕生 new birth of freedom」の語句が奴隷制のない自由（平等）社会の実現を表現していることはほとんど疑いない。その意味でゲティズバーグ演説は、戦争に命を捧げた兵士の鎮魂とともに奴隷解放宣言の重大意義を語るものともなっていた。簡潔と荘厳、崇高の粋を極めた歴史上の名演説をあえて簡約すると、それは次のようであった（演説草稿のオリジナルは、リンカンがゲティズバーグに向かう汽車の中で、急ぎ走り書きしたメモ風のものだといわれており、マイナーな細部については若干異なる複数の版がある)。

われわれはいま、自由に育まれ平等実現のために捧げられた国家が生きながらえることができるかどうかの試練の場として、戦争のただなかにおかれている。われわれはきよう、兵士たちがこの国のために戦い、命を捧げた戦場の聖化のためにここにやって来た。しかし、戦場の聖化については、われわれの小さな力がなしうるよりはるかに多くのことを、すでにここに眠る勇敢な兵士たちがなしとげている。世界はわれわれがここでなすことは忘れても、彼らの献身を忘れることはないのである。

考えてみれば、われわれの方こそ彼ら兵士から、彼らが命をかけて取り組み、大きく前進させたが、なお未完にとどまっている重大な任務を託されているのだ。われわれはここに、彼らの死が無駄ではなかったこと、この国が必ずや「自由の新たなる誕生」を実現すること、そして、人民の人民による人民のための政治がこの地上から消え去ることがないことを固く決意する。

奴隷解放宣言の意義の確認

奴隷解放宣言の意義について確認しておこう。宣言は冒頭でまず予備的宣言との連続性をいい、適用対象地域の指定をしたのち（①）、宣言の根拠が憲法上、軍最高司令官（Commander in Chief of the Army and Navy）とされる大統領のいわゆる戦争権能（War Power. 憲法第二章二条一項参照）にあると説明する（②）。奴隷解放宣言がすべての奴隷に対する一律適用を志向しながら、一定の適用除外を設けたのは、まさにその根拠を戦争権能に求めたことによる。連邦にとどまる境界奴隷州等は連邦との間で戦争状態にはなく、それゆえ大統領の戦争権能はそれらとの関係ではそもそも存在しえない。

その結果、敵方の奴隷制は否定しておきながら、味方、身内の奴隷制はこれを放置するという奇妙な事態が生まれる。境界奴隷州には自主的な奴隷制廃止を薦めるというのがリンカンの考えであったが、デラウエア、ケンタッキー両州は結局、戦争終了後まで奴隷制を廃止せず、憲法修正一三条が成立したのちも、二〇世紀後半まで長らくその批准を拒むことになる。

なぜリンカンは奴隷解放宣言を発するのに戦争権能を根拠にしたのだろうか。支配的な憲法論によるかぎり、それ以外には根拠を見出せなかったからである。これまでも繰り返し見てきたように、平時においては連邦（議会、大統領）は州の奴隷制に対して関与権限を有していないうえ、これを断行したときにはさらに私有財産の収用に関する相当補償の問題（憲法修正五条）も別に生じえたからである。

もっとも、戦争権能に依拠して宣言を発したことによって、リンカンはさらに新たに別の問題に直面することにもなる。それは、戦争権能に基づいてとられた大統領の措置は戦争終了後もその効力を維持しうるかという問題である。リンカンが後に憲法修正一三条の制定にこだわった大きな理由のひとつは、まさにこのことと関係していた。

②は奴隷解放宣言の要をなす。宣言当時の奴隷人口約四〇〇万人のうち、五〇万人が境界奴隷州に、さらに三〇万人が適用を除外された南部州（ないしその一部地域）に属していたが、本宣言によってなお三〇〇万人を超える奴隷が解放民として自由を与えられることになる。予備的宣言が解放民の自由に付していた「永久に」の修飾語をここで使用しなかったのは、戦争終了後の法的状態に関する不確定要素を考慮したためかと推測される。

④の暴力の戒めは、「解放宣言は奴隷の反乱を誘発する」との宣言反対論への弁明の意味を有していた。④の後半部分は、解放民が自由労働体制に組み入れられることを予定するが、その含意として、解放民は引き続きプランテーションで農業労働に従事し、北部への大量の移動は避けるのが望ましいとの希望が込められているようでもあった。予備的宣言との大きな違いは、解放民の国外植民、境界奴隷州などの友好奴隷主に対する金銭補償についていっさい言及していないことである。

⑤は重要である。黒人が軍隊に受け入れられることが明確にされたのである。注目すべきは、文言上は戦闘要員としての使用にはふれていないが、黒人の使用はほどなく戦闘部隊への使用にまで広がり、戦争が終了した時点で黒人兵の数が総計で一八万人にまで達していたことである。

黒人の戦争参加は単なる北部の戦力増強以上の重大意義を有していた。社会は戦争参加によって黒人が信頼すべき市民、社会の成員としての資格要件を満たしたと考え、黒人自身はみずからが戦い、みずからの手で自由をかちとったとの自負、自覚をもちうることになったからである。黒人兵士に関しては、後に別項でいま少し詳細な検討を加えよう。

奴隷解放宣言が果たした機能

奴隷解放宣言それ自体は要するに宣言であり、その内容は連邦軍の南部進攻、その支配圏の拡大によって漸進的に実現されてゆくべきものである。連邦軍は六三年七月、ゲティズバーグの戦い、ヴィクスバーグの戦い（ミシシッピ州南西部のヴィクスバーグにミシシッピ川を眼下に臨む難攻不落の要塞があり、長らく連邦軍のミシシッピ川航行、さらには連邦軍による南軍の後方からの攻略の妨げとなっていた。北側からの要塞攻略に失敗し、その不可能を悟ったグラントは、そこで独創的な作戦に出る。ヴィクスバーグの北方でミシシッピ川を渡り、その西岸を陸路で大きく南下したのちふたたび同川を渡河し、ヴィクスバーグの南方に回り込み、そこから東進してまず州都ジャクソンの南軍を撃破し、背後の脅威を除去したのちに西に転じ、二万人弱の兵士で守るこの要塞を攻撃、包囲するという攻略方法をとり、ついに同要塞を陥落させたのである）のふたつの重要な戦いに勝利し、ようやく戦争終結の方向が見えはじめてはいたが、奴隷解放宣言がこの勝利に寄与したというような特段の関係はない。

とはいえ、奴隷解放宣言が連邦軍の戦争に道徳的な正当性を与え、黒人兵士を増やし、総じて軍の士気を鼓舞し、さらにイギリス、フランスによる戦争介入のおそれを排除したという意味では、軍事的措置の次元においてもそれは十分に意味のあるもののようであった。奴隷解放宣言は、リンカンが案じたよりもはるかにスムーズに社会に受け入れられてゆく。

しかし、奴隷解放宣言に対する南部のすさまじい怒りはいうまでもなく（その怒りはとりわけ南軍の戦争捕虜となった黒人兵士、黒人部隊の白人指揮官に対して向けられる）、北部社会においても、奴隷解放宣言への反対勢力は民主党員を中心にして必ずしも小さくはなかった。

奴隷解放宣言と民主党の反対

南部州の連邦離脱、南部連合の結成とともに、民主党の主要部分をなしていた南部州の民主党議員たちもまた連邦議会から去る。これによって連邦議会の民主党議員は激減し、残ったのは北部州の民主党議員、連邦に踏みとどまった境界奴隷州のもともと南部民主党の立場をとっていた民主党議員、南部州選出の議員でありながら自州の連邦離脱後も個人としてなお従来どおりに連邦議会議員を続ける数名の民主党議員（そのひとりがリンカン政権二期目の副大統領、テネシー州上院議員アンドリュー・ジョンソンであった。彼は六二年の任期満了後、リンカンにより同州の軍知事に任命される）等に限られ、かれらは与党共和党との関係では圧倒的な少数派となっていた。しかも、去っていったかつての同僚、盟友は、いわばユニオンを裏切り、違法に見捨てていった者たちである。残された民主党議員にとっては、連邦議会、北部社会は居心地のよい場ではありえず、少なくともしばらくの間は議員活動を従来のように有効活発に展開しうる環境はなかった。

リンカン政権への反対の中身は一様ではないとはいえ、民主党員はいずれもリンカンの戦争政策に反対する。もともと南部奴隷州はリンカンの奴隷制拡大阻止の立場に異を唱えて連邦を離脱したが、離脱は憲法上保障された権利の行使だというのが南部民主党であった。その立場からすると、連邦が南部州の離脱に対して武力を行使することは許されず、戦争は基本的に間違っていることになる。

北部民主党員は六〇年の大統領選挙において、住民主権論をとるスティーヴン・ダグラスを支持していた。かれらの多くは連邦の武力行使、戦争はやむをえないとの見解をとるが、戦争の目的はあくまでもユニオンの回復であって、奴隷制の廃棄にまで広げられてはならず、しかも、戦争には妥協の姿勢がつねに用意されておかれるべきであった。つまり、戦争はあくまでも限定戦争であるべきであり、南部社会の変革を迫るような全面戦争であってはならないのである。ちなみに、ダグラス自身は戦争開始から二か月後の六一年六月、弱冠四八歳で病死するが、その死の直前、リンカンの戦争を支持する旨を表明していた。

民主党員は北部社会が愛国的な世論に沸き立っていた戦争当初こそリンカンの戦争遂行への目

立った反対を差し控えていたが、戦争が長期化の様相をとる六二年以降、リンカン政権への反対を明確にする。反対には、戦争支持派（War Democrat）と和平派（Peace Democrat）とのふたつの立場があった。前者がユニオンの回復を目的とする限定的戦争のかぎりで戦争を容認するのに対して、後者は即時無条件の和平、連邦による南部連合独立の承認を主張し、実質的には南部連合の立場を代弁するものであった。

実際、和平派と南部連合との間には一定の意思疎通、資金的な関係の存在を否定できない状況が一部に認められた。戦況の打開のために苦闘するリンカンにとっては、無条件の和平を声高に主張し、社会の厭戦気分を煽ることがねらいであるかのような和平派の戦争反対の宣伝活動は大いに迷惑であった。以下、まずリンカンの和平派への対応いかんを、そのリーダーであるヴァランディガムの取り扱いについて見、続いて、和平派の直接間接の影響のもとに生じた六三年のニューヨーク市の徴兵制反対暴動を概観することとしよう。

ヴァランディガムの政権批判とリンカンの対応

民主党は戦争開始当初は、上下両院ともその議員数が共和党のほぼ半数程度の少数政党であり、共和党の対抗勢力とはなれなかったが、六二年秋の選挙では予備的奴隷解放宣言への反発などが党に有利に作用し、ある程度までその勢力を盛り返す。民主党の復活は、とりわけ中西部三州（オハイオ、インディアナ、イリノイ）の地方選挙においてめざましかった。これらの州は伝統的に民主党の牙城となっていたが、戦争によるミシシッピ川航行の不能、農産品等の販路としての南部の喪失等によってその経済は停滞し、東部への依存の度は強まらざるをえなくなる。これに不満を抱く州民は農民層を中心に、戦争反対を声高に唱えはじめる。

その強硬派コパーヘッド（Copperhead. この言葉は、もともと北米原産の毒ヘビを意味しており、はじめ民主党和平派に対する蔑称として用いられた。ところがかれらは、当時通用のペニー銅貨に自由の女神が刻まれていたことから、自由を尊ぶあかしとしてこの銅貨を衣服に着用し、コパーヘッドの呼称を甘んじて受け入れていた）は、即時停戦を求め、リンカンの戦争政策を激しく批判する。かれらは基本的には言論の自由の枠内で反戦争宣伝を展開していたが、世論の動揺、軍紀の弛緩を懸念するリンカン政権、軍にとってはコパーヘッドは目障りで迷惑であった。

フレデリクスバーグの戦いで惨敗を喫し、ポトマク軍司令官からオハイオ地区の司令官へと配置換えされたバーンサイドは、六三年四月、南部に対して同情的な世情を憂慮し、「南部連合に同情する言論活動は許されない」旨の命令（一般命令第三八号）を発する。この命令を言論の不当弾圧だとする前オハイオ州選出下院議員でコパーヘッドのリーダー格のクレメント・ヴァランディガムは六三年五月、同州マウント・ヴァーノンの民主党集会において、軍将校の臨席しているのを承知の上で、同命令を、さらにはリンカンの戦争政策を徹底的に批判する演説をする。バーンサイドは命令違反を理由にヴァランディガムを逮捕し、軍事裁判所の裁判にかけて、「戦争期間中の拘禁」を命じる判決を得る。

ヴァランディガムはこれに対して、人身保護令状の発布を連邦地方裁判所に求めるが、裁判所は、大統領の令状停止措置は法（Habeas Corpus Suspension Act, 1863）に基づいているとして訴えを棄却する。しかし、リンカンはヴァランディガムの処罰の裁可にあたって政治的な配慮を加え、処罰の内容を「南部連合への追放」に軽減してこれを実行する。ところが、ヴァランディガムはほどなく南部を脱出し、バミューダを経由してカナダに行き、最後には対岸にデトロイトを臨むオンタリオ州ウィンザーにまでたどり着き、そこから激しいリンカン政権批判を展開する。それのみにとどまらず、ヴァランディガムはオハイオ州民主党のコパーヘッドと連絡をとり、六三年六月、カナダに在留したまま、オハイオ州民主党大会で秋に予定されたオハイオ州知事選挙の民主党候補者として指名されるにいたる。しかし、カナダから選挙戦を戦わざるをえなかったヴァランディガムは、結局、共和党候補に惨敗する。こうしてヴァランディガム騒動はひとまず鎮静化に向かうことになる。

六四年大統領選挙における民主党綱領とヴァランディガム

もっとも、後日談となるが、ヴァランディガムはその後も暗躍し、いまいちど民主党の大混乱の原因をつくる。ヴァランディガムは、六四年六月、ひそかにアメリカ国内に潜入し、国内での反政府活動を再開する。リンカン政権がこれを黙殺している間に民主党全国大会のオハイオ州代議員に選出されると、六四年大統領選挙のための民主党綱領の作成に関与し、和平派の立場に立った党綱領を作成し、これを採択させるのに成功するのである。

ところが、民主党大会は党綱領の採択のあと、民主党大統領候補としてかつてリンカンがポトマク軍司令官に任じ、半島作戦で敗北を喫した、限定的戦争肯定派のジョージ・マクレランを民主党大統領候補者に指名する。マクレランは迷ったすえに候補者指名を受諾するが、自身の立場と和平派党綱領との間の調整に苦慮することになり、それが一一月の本選挙での敗北の一因ともなるのであった。

ヴァランディガムによる反政府宣伝、即時無条件の停戦、軍務放棄の呼びかけ等は、少数派の極端な主張であったが、長引く戦争にケリをつけることのできないリンカンにとっては大きな打撃であった。

リンカン自身は、「私は、煽動に応えて軍隊から脱走した青年兵士を撃たなければならないというのに、その脱走を使嗾した狡猾な煽動者には髪の毛一本ふれることができないのか」と反論して、ヴァランディガムに対する措置を擁護する。それはそれなりの社会の共感を呼ぶが、リンカンは言論を封殺する独裁者であるとの民主党員の非難が消滅することはなく、かれらの戦争への反対、消極的姿勢があらためられたわけでもなかった。リンカンの戦争政策に対するこうした民主党的な反発は、ニューヨーク市の反徴兵制暴動において爆発的に顕在化する。

ニューヨーク市の反徴兵制暴動

六三年七月一三日午前、連邦政府職員がダウンタウンの事務所で憲兵の監視する中、徴兵対象者選定の抽選手続をはじめると、ニューヨーク市民が大挙して押しかけ、事務所、備品を破壊し、火を放つ。数百名の暴徒は引き続き、周辺の施設建物、住居等を破壊し、電信線も切断し外部との連絡を遮断する。暴徒の多くはアイルランド系の市民、若者からなり、攻撃破壊の目標は政府機関、市庁舎、共和党系の新聞社、富裕層の住居、黒人等に置かれていた。

しかし、暴徒集団に明確なリーダーはなく、破壊活動はほとんど無差別であった。市警察、当時市に駐在していた軍の傷病兵だけでは鎮圧の術はなく、暴動はつい一〇日前にはすさまじい戦闘の場であったペンシルヴェニア州ゲティズバーグから派遣された軍隊がニューヨーク市に到着するまでの三日間継続することになる。その間に一〇〇名を超える人命が失われ、負傷者は千名を超えた。死亡者の多くは警察、軍に抵抗する暴動参加者であったが、警察、兵士の側にも犠牲者は出ていた。

最も悲惨なのが黒人であった。暴動は当初から一貫して黒人排除的、黒人差別的な色彩を色濃くしており、逆に暴動に加わった黒人は知られていない。黒人の住居、黒人用のサロン、売春宿等が、さらには黒人孤児施設までが焼き打ちの被害にあう。黒人の死亡者一〇名余の多くは、集団リンチによって殺害されていた。死体は損壊され、外灯柱に吊されたり、イーストリバーに投げ込まれたりしていた。

なぜ徴兵制がこれほど大規模な暴動を起こさせる理由となったのか。そこには徴兵制に対する大衆の強い反感があり、その反感をさらに増幅させるニューヨーク市の特殊な政治的、社会的、人種的な事情があった。

徴兵制とは、その意思、意向を問わず、市民を強制的に軍に招集し、兵士とする制度である。従来アメリカでは兵士は市民が自発的に志願すべきものと考えられており、基本的に徴兵制とは無縁であった。ところが、戦争の長期化、戦争犠牲者の増加により厭戦気分がひろがってゆくにつれて、志願兵の新規の応募、更新は減ってゆき、軍が必要とする数だけの兵士の確保に困難をきたしはじめる。

こうした事情を背景に、六三年三月、大統領に徴兵権限を与える徴兵法（Enrollment Act, 1863）が生まれる。しかし、同法は簡単に生まれたわけではなかった。民主党議員の圧倒的多数が反対する中、共和党議員全員が結束し、きわめて党派的な投票行動によってようやく実現させたものであった。

徴兵法は徴兵を内容とするだけですでに一般に不人気な法律であったが、その細部にはさらに大衆の不満、怒りを呼ぶ問題点が含まれていた。徴兵の具体的手続は、下院議員の選挙区ごとに割り当てられた数（正確には、そこから志願兵の数を控除した数）だけの兵士を、健康等の理由で特に兵役を免除された者を除いて、二〇歳から三五歳まで（ただし、独身者は四五歳まで）の男性市民、市民となる希望を表示した者の全員の中から、抽選の方法で決定するものとされていた。

ところが、抽選により兵士として召集されることが決定した者が現実の招集を逃れうる方法として、徴兵法はなお、代替（substitute）、振替（commutation）のふたつの補足的な制度を設けていた。代替とは、抽選で選ばれた者が身代わりをたててその兵役を免れることをいい、振替とは三〇〇ドル（当時の労働者のほぼ一年分の賃金に相当）を政府に納めてその兵役に代えるというものである。代替によっても通常は身代わりとなる者に対する相当の代償金の支払いを必要としたため、いずれの方法も庶民大衆には簡単には選べないものであった。かれらは「金持ちの戦争に貧乏人が戦うRichman's war, poorman's fight」と揶揄し、徴兵法を嫌悪し非難した。

暴動とアイルランド系市民

ニューヨークのアイルランド系市民は民主党支持者として、また、白人社会の最貧困層を形成する市民として基本的に戦争、そのための徴兵法には反対であったが、その反対は黒人との関係でさらに強められる。アイルランド系の港湾労働者がストライキをすると黒人がスト破りとしてその職を奪うなど、両人種グループはすでに職業的な競合関係にあったが、さらにリンカンの奴隷解放宣言が両グループの対立的環境をいっそう刺激する。同宣言が戦争に奴隷解放目的を付与したため、アイルランド系の人びとは、もともと自分たちが望まない戦争への参加を強いる徴兵法がさらに黒人のために戦うことを強いると受けとめるのであった。

そしてアイルランド系市民のかかる受け止め方を促進したのが、コパーヘッドの宣伝活動であった。本暴動の一週間前、ニューヨーク州の民主党州知事ホレイショ・シーモアは、徴兵制は違憲であり、不当に多数の民主党員を招集している旨の挑発的な演説をしていた。

ヴァランディガム騒動、ニューヨークの反徴兵制暴動はいずれもコパーヘッドが直接間接にかかわる反戦争活動、反政府活動であった。リンカンはそれらがもたらした危機のいずれをも乗り切りはしたが、同様の危機は今後もまた戦況が行き詰まれば必ず生じてくるはずのものであった。

黒人の戦争参加、黒人兵士の意義

南北戦争を語るとき、黒人がいかにこの戦争に関わったかを見ないわけにはいかない。戦争が終結するまでの間に黒人（北部の自由黒人、南部のコントラバンド、解放民）一八万人が連邦陸軍に、さらに二万人が連邦海軍に兵士として入隊し、連邦の勝利に貢献する（全兵士に対する黒人兵の比率はほぼ人口比に相応していた）。その兵士としての経験、貢献は、客観的には、彼らがアメリカ市民として社会的に認知されるための通過儀礼の意味をもったが、黒人自身にとっては、自由が他者から一方的に与えられたものではなく、自力で応分の犠牲を払ってかちとったものであるとの自負を得る契機となる。

黒人奴隷が小さからぬ危険を冒してプランテーションを離脱し、最寄りの連邦軍の前線基地に駆け込み、コントラバンドとなることは、それ自体が奴隷制に対する意志的な抵抗のひとつの形でありえたが、そこからさらに歩を進めてかつての奴隷主に対して武器をとる道を選ぶとき、抵抗はより明確な姿をとる。が、黒人が戦争に参加するまでの道のりは、制度に阻まれ、必ずしも平坦ではなかった。

六一年四月、サムター要塞の陥落を契機に南北戦争が始まる。リンカンによる民兵七万五千人の招集要請に応え、ユニオン擁護の愛国的な世論が盛り上がる中、ボストン、ニューヨーク、フィラデルフィア、クリーヴランド等々、多数の都市で自由黒人たちが集まり、戦争に協力する姿勢のあることを誇示する。黒人の多くはこの戦争に勝利することが南部の奴隷制を崩壊させ、その軛に苦しむ同朋に自由をもたらすことを鋭く感知していた。

しかし、いずれの州の民兵隊組織も黒人を受け入れない（民兵法（Militia Act, 1792）は、一八から四五歳までの白人男性（正確には、"free able-bodied white male citizen"）に対して民兵となることを義務づけていた）。黒人が直接連邦軍に対して志願して兵士となる道がありえたが、戦争開始当時、連邦軍の内部規則がその道をも塞いでいた。戦争は白人の戦争（White Man's War）であって、黒人に用はないというのがそうした制度の建前としてのロジックであった。

もとよりその背後には、劣等かつ臆病で、奴隷制の軛に甘んじている黒人が良き兵士になれるはずがないとの白人至上主義的な偏見があった。同時に、多少とも政治的な打算が働いていた。戦争を極力迅速に収束させ、もとどおりの連邦を回復するには、不用意に黒人を戦争に巻き込んで南部の怒りをかきたて、問題が複雑化するのを避けるのが賢明であるとの判断であった。ちなみに、南部連合は黒人奴隷を兵士として使用することは頑強に避けていたが（南部連合が奴隷を兵士として使用する決断をするのは、戦争の敗北がすでに事実上決していた六五年三月のことであり、結局、南軍において兵士としての黒人が実現することはついになかった）、それは兵士となり武器を手にした奴隷が白人に対して反乱を起こすことを怖れたためであった。

南北戦争のもともとの原因がまさしく奴隷制にあったことからすれば、黒人が兵士となるのを妨げる連邦の政治的な判断は屈折したものといわざるをえなかったが、もともとリンカンが戦争目的として掲げる「ユニオンの回復」のスローガン自体がまさにそのようなものであった。

黒人の戦争参加の進展

しかし、戦争の長期化による戦死傷者の増加、志願兵の減少等とともに、黒人の兵士化を進めるべき軍事的な必要は強まる。黒人兵士の登用を求める声は、当初はフレデリック・ダグラスらの黒人指導者、奴隷制廃止運動家、共和党ラディカル派等に限られていたが、期待の声は次第に広がってゆく。

連邦議会は六二年七月、マクレランの半島作戦の失敗を契機にして、第二次没収法、六二年民兵法を制定する。前者は反乱の鎮圧目的との関連で、後者はより広く軍事目的一般のために、黒人兵士の入隊の可否の決定を大統領に授権する。両法の基本的な趣旨は黒人兵士を後方部隊、労働部隊要員として使用し、前線で戦う白人兵士の負担を軽減することにあったが、六二年民兵法は黒人の戦闘員としての使用までもが可能であることを明示していた。

議会側からのこうしたプッシュ、督励にもかかわらず、リンカン政権、軍の上層部には伝統的政策からの訣別になお若干のためらいがあった。すぐさま黒人兵士の入隊を認める方向には動かないが、同年の秋ころには、キャンザス、サウスキャロライナ、ルイジアナの各前線で奴隷制廃止論者の指揮官などが先駆的に黒人部隊の編成に着手しはじめ、軍事長官エドウィン・スタントンも事実上これを承認せざるをえない状況が生まれる。黒人はこの場合、州の民兵隊を経由して連邦軍に送り込まれたわけではないため、連邦による直接雇用の形がとられる。

黒人の軍への受け入れは、奴隷解放宣言（六三年一月）の発出後は政府、軍の正式方針となる。宣言を契機に北部の自由黒人はもとより、コントラバンド、その所属の場を失いあるいは所属のあいまい化した奴隷等に対して、連邦軍への参加が黒人指導者有志等によって積極的に呼びかけられる。リンカン自身も六三年三月、「黒人は、いまだ活用されずに放置された、ユニオンの回復に不可欠の勢力である」とし、黒人兵士登用への積極的姿勢を明らかにする。

五月には、軍事省に黒人部隊局（Bureau of Colored Troops）が設置され、同局のエージェントが連邦軍の進出地域、特にミシシッピー峡谷で黒人兵士の募集を開始する。集められた黒人兵は、連邦黒人部隊（USCT, United States Colored Troop）に組み入れられる。つまり、黒人は白人兵との混成部隊としてではなく黒人部隊として編成され、ただ士官級以上の指揮官には白人を充てる（黒人は指揮官としない）こととされる。

六三年末にはこうした黒人部隊約六〇連隊が誕生し、終戦までには一八万人の黒人兵士（全兵士の約一〇パーセントを構成）が一四五歩兵連隊、七騎兵隊、一工兵大隊、一三砲兵隊に組織されていた。北部では兵役可能年齢の七四パーセントの黒人が参戦する。戦死者の数は四万人（うち、三万人は病死）、死亡率は約二〇パーセントとなっており、白人志願兵の一五パーセント、正規兵の九パーセント弱と比べて実質的に高くなっていた。

軍内における黒人差別問題

黒人部隊は最終的には連邦軍に欠かせない戦力となるが、その方向づけに重要な意味をもったのが第五四マサチューセッツ連隊であった。それは、六三年三月、奴隷制廃止論者であったマサチューセッツ州知事ジョン・アンドリューのアイディアに基づき、フレデリック・ダグラスその他の黒人指導者らがその兵士集めに協力し、同年五月に誕生した最初期の黒人連隊であった。ダグラスのふたりの息子を含み六〇〇名からなる同連隊は、二か月の訓練を終えたのち、連邦軍のチャールズトン（サウスキャロライナ州）攻撃作戦に参加し、七月中旬、チャールズ湾口を南側から守備するワグナー要塞の攻撃任務を担当する。

要塞の位置、地理的状況などからして、作戦には最初から無理な点があった。同連隊の攻撃は失敗に帰し、死傷者三〇〇名弱が出る。連隊の指揮官、ボストンの名家出身でハーヴァード出の若き指揮官ロバート・ショウも戦死する。結果は悲惨ではあったが（同要塞は、その後の包囲作戦により、二か月後に連邦軍の手に落ちる）、第五四連隊の果敢な戦いぶりは、黒人部隊に対する軍、社会の不安を払拭し、その後の黒人兵の招集に拍車をかけることになる。

そしてこれに一役買ったのが、その一週間前にニューヨーク市で発生した反徴兵制暴動であった。戦争に反対し、黒人を不当に攻撃するアイルランド系白人と比べて、文字どおり命をかけて連邦への忠誠を示した第五四マサチューセッツ黒人連隊は人びとに強い印象を与えずにはおかなかった。

黒人部隊の戦いぶりは市民としての黒人の社会的な認知を促進し、その地位の改善に役立ったが、黒人兵士についてはその軍隊内での差別という問題がなお残っていた。差別問題は、連隊の配置、負担業務、配給、貸与武器、医療サービス、昇進等々少なからぬ事項を含んでいたが、多くの黒人兵士にとって最も重大な問題はかれらが白人の半分程度の給与しか支払われなかったことであった（民兵法は、白人の月一三ドルに対して、黒人には実質七ドルしか支払われない旨を定めていた。黒人部隊は主として労働部隊として機能するという前提があったためのようであるが、その前提はすぐさま実態にそぐわないものとなる）。

白人と等し並みの処遇が与えられることを約束して黒人兵の入隊を募った黒人指導者フレデリック・ダグラスは、六三年八月、ホワイトハウスを訪れ、その改善方について直接リンカンに陳情する。リンカンはこの給与差別を遺憾とするが、直ちに何かができるわけではない。結局、六四年六月になって議会が法改正に取り組み、ようやく問題は解決を見る。さらにその後には、過去の差別分についてもさかのぼって給与が支給されることとなる。

捕虜となった黒人兵士の取り扱い

いまひとつ給与以上に深刻な問題があった。それは、南軍の捕虜となった黒人兵の取り扱いに関する。もともと戦争捕虜の交換については六二年七月、南北が協定を結び、捕虜の同数交換、その数を超える捕虜は仮釈放とし、正式の交換がなされるまでは戦線に復帰させない旨を定め、実際にこれに従う運用をなしていた。

ところが六三年五月、南部連合が黒人の捕虜については交換の対象とはせず、反乱者として州裁判所での刑事裁判手続に付し、あるいは奴隷に復帰させるとの方針を明らかにする。リンカンはこれに対して、六三年七月、戦争法違反で兵士が殺害された場合には、反乱軍兵士を処刑する、黒人兵士を奴隷にした場合には反乱軍兵士に重労働を課するとの報復の実施方針を表明する。その結果、同年八月には捕虜交換協定が実質的に停止する。

リンカンが報復命令を実行に移すことはなかったが、黒人兵の捕虜の取り扱いをめぐって捕虜交換の全体がストップし、終戦間際になるまで南北双方が大量の戦争捕虜を抱え込むことになった。捕虜収容所の劣悪な収容環境が黒人、白人を問わず、多くの兵士を苦しめることとなる。その最たる例がジョージア州のアンダーソンヴィル収容所であった。わずか一年数か月の間に四万五千人の北軍捕虜が収容され、一万三千人の兵士が収容所の狭隘なスペース、極度の不衛生、劣悪な食事等々の悪環境の中で死亡したとされている。

他方、前線で降伏する黒人兵を戦争捕虜として扱うことをせず、南軍の兵士がその場で銃殺するなどの事件もいくつか生じていた。ピロウ要塞の虐殺事件はその最も著名な例であった。悲劇は、六四年四月、ヴィクスバーグ北方四〇マイルのミシシッピ川沿いに位置するピロウ要塞（テネシー州）を守る六〇〇名の連邦守備隊（黒人、白人兵がほぼ同数）について生じた。ネイサン・フォレストの指揮する南軍騎兵隊一五〇〇名が要塞を攻撃し、陥落必至の状況になる。南軍の要求によりいったんは無条件降伏交渉に入ったが、交渉の際の守備隊側のヤジに南軍が怒り、南軍が攻撃を再開する。南軍は戦闘の意思、能力を欠いた守備隊兵士を戦争捕虜として扱うべき状況のようであったが、南軍は逃げまどい、救いを乞う守備隊兵士三〇〇名近くを殺害する。殺された兵士の六五パーセントが黒人兵であった。

終章　リンカンと憲法修正一三条

六三年七月初めのゲティズバーグの戦い、ヴィクスバーグの戦いの勝利を経て、リンカンはようやく戦争の終結、戦後社会の再建を展望できるようになる。しかし、戦争の最終決着にはなお相当の時日を要し、それまでの間、リンカン政権に対する社会からの和平圧力は依然として強く働く。反乱州の連邦復帰条件に関してリンカンが構想する寛大な再建計画についても、反乱州には厳しい制裁が科されなければならないとする共和党ラディカル派等から強い反対を受ける。

こうした状況の中で、六四年大統領選挙戦が開始する。リンカンにとって過去三年余の大統領としての経験は個人的には苦痛の連続であり、リンカンを支持する社会の姿勢にも特に熱いものはなかったが、それでもリンカンは再選を望まざるをえない。大統領リンカンがこれまでになしたことは戦争と奴隷解放にほぼ尽きており、いま大統領をやめれば、そうした最小限の業績さえもがすべて無に帰してしまうおそれがあった。

幸いにも戦況の劇的変化によって、リンカンは因縁の民主党大統領候補ジョージ・マクレランを制して再選を果たす。リンカンがまずなすべきは、奴隷解放の総仕上げとしての憲法修正一三条を実現させることであった。六五年一月末日、難航していた下院での特別決議の集約がついに成って憲法修正一三条案が成立し、二月一日から早速その批准手続が開始する。

三月はじめに二回目の大統領就任式を終え（リンカンの宣誓を司ったのは、前年一〇月に死亡したロジャー・トーニイの跡を継いだ新連邦最高裁判所長官サーモン・チェイスであった。リンカン政権の前財務長官だったチェイスは六四年大統領選挙で共和党候補となることを画策して失敗しており、リンカン政権内での立場を失うが、そのかれをリンカンは最高裁長官に指名し、礼を尽くす）、四月にはリーが無条件降伏し、実質的終戦を迎える。リンカンは人生最大の栄光に包まれる。そしてまさにその直後、まったく予想しない形で唐突にリンカンの人生が暗転する。

終戦のきざしと戦後社会の展望

六三年七月、ゲティズバーグとヴィクスバーグのふたつの戦いに勝利した連邦は、戦争終結にこぎつけるまでにはなお相当の時日を要する見込みではあったが、少なくとも若干の安堵を得、ひと息つける状況が生まれる。南軍はミシシッピ川以西、メキシコ湾岸部等になお若干の戦力を維持してはいたが、その主力部隊はいまやロバート・リーの率いるヴァージニア州の北ヴァージニア軍と、テネシー州東南部、ジョージア州北部地域を支配するジョン・フードのテネシー軍のみとなっており、しかもそれらは連邦軍以上に疲弊していた。この南軍主力部隊相互間の連携さえ切断できれば、ポトマク軍が孤立した北ヴァージニア軍、それが守備するリッチモンドを集中的に攻撃し、連邦の勝利のうちに戦争を終わらせることが可能となるはずであった。

北部にとっての戦況の好転は、六三年秋に行われた地方選挙にも確実に影響を与えていた。中西部オハイオ州の知事選では、民主党候補としてコパーヘッドの領袖クレメント・ヴァランディガムが逃亡先のカナダから立ち、ペンシルヴェニア州知事選でもコパーヘッドのジョージ・ウッドワードが候補となっていたが、選挙結果はいずれもコパーヘッドの敗北である。その他の選挙でも民主党、特にコパーヘッドの退潮は明らかであった。彼らの主張するような奴隷制廃棄の撤回、南部連合との無原則な和平などありえない、南部社会を作りかえるための戦争は苦しくともなお続けられる必要がある、というのがいまや北部世論の大勢のようであった。黒人部隊の活躍もあり、奴隷解放宣言も次第に社会の所与となりつつあった。

リンカンは六三年一二月八日、議会への年次報告書において、奴隷解放宣言の発出以来ほぼ一年が経過したいま、社会が大きく変化したことに言及する。黒人兵については、いまや一〇万人が連邦軍に加わり、その半分が戦闘要員となり、彼らの功績によって連邦軍の相対的優位の状況が生まれたとの認識を示す。

リンカンはさらに同日、大統領命令「特赦および再建に関する宣言 Proclamation of Amnesty and Reconstruction」を別に発表する。それは、奴隷制廃止が当然の前提ではあるが、一八六〇年段階の州有権者数を基準としてその一〇分の一が連邦憲法への忠誠を誓うときには、反乱州は連邦に復帰しうるとの、反乱州への寛大な措置を内容としていた。共和党ラディカル派は反乱州に対する厳しい制裁が欠落しているとして、リンカンの戦後政策案、南部再建案に激しく反対する。が、まず注目すべきは、リンカンはすでにこの時点で、いちはやく戦後政策の模索をはじめていたことである。リンカンの主観においては、戦後世界はほどなく手の届くところにまできていた。

リンカンの大統領再選作戦

六四年は大統領選挙の年である。予定どおり実施するとすれば、それは戦時という異常事態下での選挙となるが、選挙延期の声はどこからもあがらない。選挙の実施こそアメリカ民主主義の力の証だとするのが社会の支配的な考え方のようであった。

選挙をするかぎり、リンカンが再選を望むのは当然であった。一八三二年のアンドリュー・ジャクソン以来、現職大統領が再選され、二期務めた例はなく、リンカンを熱狂的に後押しする支持者もまたほとんどいなかったが、いま大統領職を去れば、みずからが始めた戦争の収拾、南部州の連邦への復帰、奴隷解放等の問題がすべて道半ばで投げ出されてしまうのである。

幸いなことに、現職のリンカンに対抗しうる有力候補者は党内にはいない。六〇年選挙でのリンカンのライバルで現財務長官のサーモン・チェイス、ヴィクスバーグの戦いを勝利に導き、すでに名司令官との評判を確たるものにしているユリシーズ・グラントが共和党大統領候補となる可能性があったが、それらの可能性は選挙戦のスタート段階で早々についえる。チェイスについては、六四年二月、「リンカンは大統領としての適格性を欠く。チェイスこそ大統領になるべきである」旨の文書がチェイス側近によって流され、広く新聞等で喧伝されるという事件が発生し、それによって逆にチェイスの政権への不誠実が取りざたされ、その大統領への道は閉ざされた。グラントは戦闘のただなかにあって少なくとも当面は大統領に挑戦する意思をもたなかった。

六四年六月、リンカンは全国ユニオン党（National Union Party）全国大会において大統領候補として指名される。同党は、共和党がその裾野を広げて戦争支持派の民主党員、いわゆるウォー・デモクラットを取り込むことをねらって選挙用に採用した党名であり、その実質は共和党そのものであった。党大会は第一回目の投票でリンカンを候補者として指名し、副大統領候補にはテネシー州の元民主党上院議員で、リンカンにより同州の軍知事 Military Governor に任命されていたアンドリュー・ジョンソンを選ぶ。

戦争の展開いかんが大統領候補の選択に重大な意味をもつと考えた民主党は、戦況の推移を見守るのに時間をとり、通例に反して八月末にようやく党大会を開催する。党大会が選んだ候補者はポトマク軍司令官として半島作戦に失敗したジョージ・マクレランであったが、民主党はこれによって大きな矛盾を犯すことになる。

というのは、マクレランはウォー・デモクラットとして現職時から一貫して限定的な戦争を支持していたが、党大会が候補者指名に先立って決めた選挙綱領はコパーヘッドのリーダー、クレメント・ヴァランディガムの主導で策定されていたからである。それは、「戦争は憲法を無視して個人の自由、権利を踏みにじるものであり、完全な失敗であった」「戦争は早急に中止すべきである」「州権が侵害されることなく、連邦の維持がはかられる必要がある」などと、ピース・デモクラットの立場を如実に反映していた。マクレランと綱領との間の立場の矛盾はその後の選挙戦でのマクレランの弱点となり、敗因のひとつとならざるをえなかった。

なお付言すると、六四年選挙の大統領候補者としてはリンカン、マクレランの外にいまひとり、これもまたリンカンにとっては因縁の人、ジョン・フリーモントがいた。リンカンの政策を生ぬるいとする奴隷制廃止論者、共和党内外のラディカル派等が集まって急進的民主主義党（Radical Democracy Party）を組織し、六四年五月、フリーモントを同党の大統領候補者としたのである。それはリンカンにとっても脅威となりえたが、全国ユニオン党の綱領がリンカンの希望にしたがい、憲法修正一三条による奴隷制の廃止を取り込んだこともあって、フリーモントは九月末、リンカン政権中の最右派、郵便長官モンゴメリー・ブレアを更迭することを条件にして、選挙戦から撤退した。

大統領選挙の行方の不透明化

大統領選挙の行方の不透明化

全国ユニオン党大会でリンカンが大統領候補として指名された六四年六月当時、リンカンの大統領再選はほぼ確実のようであった。ところがその翌月には、リンカンの再選に強い逆風が吹き始める。民主党大会が開かれる直前の八月末にはリンカン自身が再選の見通しをもてなくなり、民主党候補に敗北した際の政権引継ぎのための協力のあり方について具体的に思案するほどに状況は絶望的に見えた。リンカン再選を危くする事態の急変に作用したのは、基本的には、戦争の行き詰まりと党内事情であった。

リンカンは、ばらばらに行動しがちな連邦各軍の攻撃の調整、統合をねらって、六四年三月、グラントにジョージ・ワシントン以来の中将（lieutenant general）の位階を与え、連邦軍最高司令官に任じる。グラントは、ポトマク軍司令官ジョージ・ミードをそのまま据え置きつつ、みずからの本拠をポトマク軍内に置くやり方をとり、実質的にポトマク軍を指揮する。こうして五月初め、グラントの陸路作戦（Overland Campaign）がはじまる。

それはリッチモンド攻略の手順としてまずリーの北ヴァージニア軍の壊滅を目指すものであった。グラントの六週間に及ぶ執拗な攻撃が展開される。この攻撃に対してリーが徐々に南下し、さらにこれをグラントが追撃してゆくうちに、リーは六月中旬、ついにリッチモンドの南一〇キロのピーターズバーグにまで追い詰められる。

引き続き、南軍の最後の砦ピーターズバーグの包囲作戦が開始し、それが終戦直前の六五年三月末まで続く。リー軍の壊滅は包囲作戦の開始の時からすでに明らかではあったが、それはなお一定の時間と相当の犠牲者とを要求する（ピーターズバーグ包囲作戦の初期、連邦軍は地下トンネルを掘り進めて南軍の真下に爆薬を仕掛け、これを爆発させるという奇襲まで実行したが（Battle of Crater）、ピーターズバーグは墜とせなかった）。グラントは陸路作戦で五万五千人の兵士を失い、「屠殺者 Butcher」の異名までとる。社会には厭戦気分、和平の気運が広がり、それはひるがえって南部の無条件降伏にこだわるリンカン政権への批判ともなる。奴隷解放宣言を撤回しさえすれば、南部との和平ができるのにとの政権批判の声もあがり始める。

その間の六四年六月、兵士一万五千人の軍勢を引き連れ、リッチモンドを抜け出した南軍のジューバル・アーリイが北上して、またたく間にメアリランドから首都ワシントンに入り、七月一一日、ホワイトハウスの北八キロにまで迫るという事件が発生する。グラントが急遽、ピーターズバーグ包囲軍の一部をワシントンに派遣して対応し、戦慄、驚愕の事件はわずか二日間の出来事として終わりを告げ、連邦はかろうじて事なきをえた。しかし、アーリイ軍は、ワシントン攻撃の前後の行軍途上で周辺の都市、地域に対して法外なゆすり、略奪行為等をおこなっており、リンカン政権の面目、信用はこの点でも大きく失墜する。

リンカン政権への批判は党内からも噴出する。与党共和党が多数を占める議会は、同年七月、反乱州の連邦復帰についてリンカン案よりはるかに厳しい条件を定めた再建計画法（Wade-Davis Bill）

を成立させる。リンカンはしかし、この法律への署名を会期切れまで差し控え、廃案にしてしまう。それは法案の立案者である共和党ラディカル派の激しい怒りを買い、「リンカンは自分の再選を可能にするために反乱州の復帰条件を緩めている」との、あらぬ批判を受ける。党大会を開き、大統領候補を新規に選び直すべきだとの声まであがり始める。八月末には、共和党全国委員長ヘンリー・レイモンドの「奴隷解放は外して、連邦復帰のみを条件に、和平交渉をすべきである」旨の進言を前にして、リンカンは再選可能性についてついに完全に自信を失ってしまう。

アトランタの陥落とリンカンの再選

この窮状からリンカンを劇的に救い出したのがアトランタの陥落であった。その立役者はグラントの腹心かつ盟友のウィリアム・テクムシ・シャーマンである。グラントの総司令官就任とともにミシシッピ軍事区司令官の跡を継いだシャーマンは、六四年五月初め、ジョージア州との州境に近いテネシー州チャタヌーガからジョーセフ・ジョンストン、ジョン・フードの指揮する南軍（テネシー軍）の追跡を開始し、ずるずると南に後退してゆく南軍を追ってジョージア州北部に入る。

途中でいくつかの衝突を繰り返したのち、七月末にはリッチモンドに次ぐ南部二番目の大都市、交通の要衝、商業・産業都市、リッチモンドへの物資補給の一大基地であるアトランタにたて籠もった南軍に対して包囲作戦をはじめる。八月末までにはアトランタ周辺の鉄道路線のすべての破壊、遮断が完了し、南軍はついに九月二日、アトランタを明け渡して撤退する。

シャーマンが首都ワシントンに送信した、「アトランタはわれわれの手に落ちた。完勝だ」とのこのうえなく単純明快な電報はたちまち広く新聞で報道され、沈滞ムードの北部社会を生き返らせる。すでにポトマク軍の包囲下にあったリッチモンド、ピーターズバーグがアトランタとの連絡を断たれ、早晩降伏せざるをえないことは明らかであった。北部社会は沸き立ち、民主党和平派だけが失望する。そして民主党和平派の戦争反対活動に最後の望みをかけていた南部連合はさらに落胆する。これらすべてのことが、民主党大会がマクレランを大統領候補に指名した翌日に生じていた。

シャーマンによるアトランタの陥落の意義を補強する、別にふたつの戦局の展開があった。ひとつは、八月末に海軍少将デイヴィッド・ファラガットがアラバマ州モービル湾の封鎖に成功したことである。これにより、連邦の海上封鎖をなお免れている南部の港はノースキャロライナ州ウィルミントンだけとなる。いまひとつは、九月から一〇月にかけてのグラントの腹心、フィリップ・シェリダンによるシェナンドア峡谷の制圧である。これにより、ヴァージニア、南軍の穀倉としての同峡谷は完全に破壊され、同峡谷を縦横自在に移動しては連邦軍を悩ませ、首都ワシントンをも脅かしたアーリイの軍人としての威光はほぼ潰え去る。

戦争の最中であるとはいえ、いまや南軍の軍力が包囲下のリッチモンド、ピーターズバーグに立て籠もる北ヴァージニア軍にほぼ限られるまでになっていた六四年一一月八日、大統領選挙の投票が実施される。リンカンは一般投票の五五パーセント（選挙人の数は、二三三人中の二一二人）を獲得して、再選される。選挙について特に目をひくのは、兵士の圧倒的多数（八八パーセント）が、かつては兵士間で絶大の人気を集めていたマクレランではなく、リンカンに投票したことであった。リンカン政権、軍当局が投票を督励し、前線での投票を認めていない州については当局が投票のための帰郷を許すなどの便宜をはかったことが関わっていたとはいえ、兵士たちはリンカンの戦争政策、奴隷解放をいまや積極的に支持していた。

連邦議会における憲法改正（修正一三条制定）の動き

大統領に再選されたリンカンがまずなすべきは、奴隷解放宣言の効果をより確定的でかつ徹底したものにすることである。同宣言はすでに多くの奴隷を解放し、連邦軍兵士を生み出した。自主的に奴隷制を廃止する州もいくつか出現した（メアリランド州は六四年一一月、ミズーリ州は六五年一月に奴隷制を廃止する）。同宣言が果たした役割には当初予想以上に大きなものがある。

しかし、大統領の戦争権限に根拠を置いた奴隷解放宣言は、戦争終結後も法的にその効力を有するのだろうか。戦後になって、裁判所が奴隷解放宣言は憲法違反で無効だなどということはないか。議会がその効力を覆す立法を制定することはないか。同宣言自身がその適用を除外した州、州内地域になお残っている奴隷制（たとえば、デラウエア州、ケンタッキー州）はそのまま存続してゆく可能性があるが、それを放置しておいてよいか。

面倒なこれらの法律問題を一挙的に解消し、奴隷制を政治の枠外に追いやる唯一の方法は、その手続的ハードルが高くはあるが、憲法改正によって奴隷制を禁止することである。そのためには、上下両院の三分の二以上の支持によって成立した憲法改正案につき、四分の三以上の州の批准が必要となる。

下院では六三年一二月、第三八回議会第一会期の冒頭から、共和党ラディカル派のジェームズ・アシュレイ（オハイオ州）が奴隷制廃止の憲法改正提案をし、六四年一月には上院でも、同趣旨の提案がなされる。憲法による奴隷制の廃止は私所有権の不当な剥奪であるとして、民主党は憲法改正案に対して激しく反対し、賛否はほぼ完全にパーティ・ラインにそって分かれる。

それでも共和党が多数を占める上院では、六四年四月、すべての共和党議員に若干の境界奴隷州の議員、民主党議員が加わって、三三対六で改正案を可決する。しかし、同年六月の下院での投票結果は賛否が九三対六五となり、特別議決要件を充たすことができない。民主党議員が反対のために結束した結果であったが、提案者アシュレイ自身も反対投票を投じていた。提案者がその提案した法案に反対したときには、否決された法案を第二会期において再提案することができるという奇妙な議事ルールが下院にあったためである。

修正一三条の実現に向けたリンカンの側面協力

リンカンは、議会が憲法改正について具体的な検討を始めるまで、憲法による奴隷制の禁止について特段の関心を示していなかった。その主たる理由は、奴隷解放宣言がその存続を認めていた境界奴隷州の奴隷制の廃棄は当該州の自主的判断によるのが望ましいと考えたためのようであった。が、奴隷制の憲法的廃止が実際に可能であるのであれば、リンカンにとってこれに反対する理由はない。リンカンは六四年六月、共和党全国大会が奴隷制の憲法的廃止を党選挙綱領に掲げることを希望し、実現させていた。さらにリンカンは同年一二月の年次報告では、憲法改正案の会期中の成立への期待を述べるとともに、それがリンカンを大統領に再選させたまさに民意であることを強調する。そしてその後は、文字どおり政権をあげて、憲法改正案の成立に取り組む。閣僚、腹心の議員らを指揮、動員し、ときに利益誘導との批判をも浴びながら、当会期かぎりで議員身分を失う、いわゆるレームダックの民主党議員をターゲットとして、改正案支持の説得活動を展開する。

六四年の連邦議会選挙では共和党（正確には、全国ユニオン党）が圧勝しており、次の第三九回議会では憲法改正案を確実に成立させることが見通せる状況であったが、同じことなら早いほうがよいとリンカンは考えた。リンカンにとっては、終戦、南部社会の改革、社会の再建を目前にしたいま、党派の違いを乗り越えた形で奴隷制を完全死させることが重要な意味をもつようであった。

政権の強い関与もあり、六五年一月末日、憲法改正案は下院でも特別議決要件をクリアする。共和党議員のすべてが賛成しても、さらに一六票の賛成票の上積みが必要であったが、民主党議員一七名が賛成に回り、八名が棄権したため、投票結果は一一九対五六となり、ついに憲法改正案（修正一三条案）が成立する。

リンカンは翌二月一日、批准手続のために各州に送付する改正案にみずからの署名を付した。憲法改正案に大統領が署名するのは不要というよりは、批准に向けて大統領が圧力をかけるという意味で越権のおそれさえあったが、リンカンは素直に喜び、その支持を表現したかったようであった。もっとも、前任のブキャナンが奴隷制の永久保障を内容とする六一年の憲法修正一三条案に署名していたという先行事実があったため、リンカンはそれに対抗する政治的必要を感じ、あえて憲法改正案に署名したという可能性もある。

批准手続は異例の早さで進行し、同年一二月には二七州からの批准をえて、憲法修正一三条が成立した（それとともに、憲法中の奴隷返還条項が削除されるが、五分の三条項の方は、六八年の憲法修正一四条（平等保障条項）の出現まで形としてはなお憲法上に残っていた）。リンカンの立場からすると、南部一一州の連邦からの離脱は法的には無効であるため、それら州はなお連邦に残っていることになり、したがって、六五年時点での連邦の州数は全部で三六州となる（戦争開始後に、ウエストヴァージニア（六三年）、ネヴァダ（六四年）が連邦に加わっていた）。これを母数として四分の三を計算すると、批准の完成のために必要な数は二七州となる。この数を充たすのに、北部州のすべて、境界南部二州（ケンタッキーおよびデラウエア州は批准拒否）に加えて、リンカンの再建案によって連邦に復帰した南部州七州が批准するにいたり、ついに同年一二月、憲法修正一三条が成立する。

ここに、二五〇年間近くの長きにわたって生き続けてきたアメリカの奴隷制が完全に終焉する。「自由の恵沢の確保」という憲法の約束が、制定後ほぼ八〇年の年月を経て、ようやく名実ともに実現することになる。

リンカンの突然の死

だが、リンカンは、リー軍のアポマトクスにおける無条件降伏から一週間も経たない六五年四月一五日早朝、すでに無念の死を迎えている。享年五六歳二か月であった。死の前夜、ワシントン市内のフォード劇場の大統領用観劇室で夫人らと観劇中に、後部ドアから侵入してきた暴漢に至近距離から後頭部を銃撃されたのが原因であった。犯人ジョン・ウィルクス・ブースは、同劇場に頻繁に出演する著名な俳優であり、劇場への出入り、その内部構造等について勝手を知悉していた。

犯行の理由は南部連合、南部社会を破滅させたことへの恨みであった（ブースの計画では、共謀者が別に国務長官スューワッド、副大統領ジョンソンを暗殺する手はずになっていた。しかし、馬車事故で自宅において療養中のスューワッドは顔面等に傷害を負わされるが、大事には至らず、ジョンソンについてはそもそも何事も起こらなかった）。リンカンは、奴隷制廃止の総仕上げ、憲法修正一三条の批准完成の場面は、ついに見届けることはなかった。

憲法修正一三条

憲法修正一三条の規定内容は、次のようであった。

第一項　奴隷制およびその意に反する苦役は、正当に有罪とされた犯罪行為者に対する処罰の場合を除き、合衆国およびその管轄下においては存在しえない。

第二項　議会は、適当な立法によって本条を施行する権限を有する。

憲法修正一三条の表現は簡潔である。第一項の文言は、一七八七年の北西部条例中の奴隷制禁止条項をほぼそのまま再現したものとなっている。憲法はこれまで「奴隷制」という言葉の使用をいっさい避け、わかりにくい婉曲的な表現を用いて奴隷制を表現することに終始してきた。ということは、憲法は奴隷制を廃止する段になってはじめて奴隷制の語を用い、奴隷制が現に存在していた事実を法文上率直に認めたことになる。

本条第一項は、単純明快な表現を用いて奴隷制を端的に否定する。これにより、その法的根拠、効力、適用範囲等の点で絶対性に若干疑問のあった奴隷解放宣言の弱点が補完され、奴隷制は例外なく完全にその命脈を絶たれる。将来ふたたび憲法改正がなされないかぎり、アメリカ社会に奴隷制が復活することはありえない。

本修正条項によってアメリカから奴隷制が消滅すれば、ひとまずそれはその使命を果たしたことになる。その後の同条の守備範囲は、メキシコの債務労働制（peonage）、苛酷な契約労働としてのクーリー労働制、不当に長期の徒弟契約制等、人身の自由の強制的、物理的侵害をともなう労働慣行の監視に限られそうであった。が、その予測はすぐさま裏切られる。奴隷制を手放した南部州が、黒人差別的な黒人法（Black Code）を制定しはじめたのである。黒人差別は多くの場合過去の奴隷制を引きずるものであるとはいえ、通例の差別は、本条が本来的に想定する物理的強制の要素を欠いている。修正一三条はこうした物理的強制の要素をいっさい欠いた差別に関しても何かをいっているのだろうか。議会は本条二項の授権によって、差別を法的に規制しうるか。

憲法修正一三条の射程範囲、その差別規制の効力いかん

憲法修正一三条が奴隷制に加えて、より広く一般的な黒人差別までをその禁止対象に含んでいるとすると、その法的意義はがぜん大きなものとなる。連邦が直ちに無条件的に黒人差別問題一般に関与できることになるからであるが、修正一三条にかかる連邦管轄特許的な意義がないとなれば、連邦による黒人差別問題への介入は簡単にはいかない。伝統的な憲法解釈によれば、ある事項が連

邦規制の対象となるためには、当該事項が州際通商（interstate commerce）と関わっていることが必要であり（憲法第一章八条三項参照）、この条件が満たされないかぎり、連邦は黒人差別問題に介入できないことになるからである。

判例はこれまで、「奴隷制の徴表あるいはその付随行為badges and incidents of slavery」であるかぎりで、差別問題もまた本条の規制対象となると考えてきた。しかし、何がこの範疇に入るのか、その中身の解釈については歴史的に変遷があり、今日もなおホットな問題として残っている。居住区を人種的に固定するような不動産仲介業者の仲介行為、強制の要素をともなう性的な搾取行為、ヘイト・クライム等はこれに該当しうるとする有力見解が存在する。

本条の意義をいまいちど確認しておこう。本条はまずアメリカの奴隷制（いわゆる動産奴隷制chattel slavery）を排除し、さらに奴隷制と一定の牽連関係を有する差別をもその規制対象とする。つまり、差別問題を州に全面的に委ねるのではなく連邦の問題でもあるとする。平等保障条項としての憲法修正一四条（六八年成立）との関係でそれがなお存在意義を失わないのは、一四条の規制対象が州の行為に限られているのに対して、本条が私人間の行為をもその直接的規制対象としているからである。これらの修正条項によって人権分野における州の自主決定権限は直接間接に大きく後退し、連邦の優勢が決定的な方向となる。しかし、名実ともにカラーブラインドな平等社会が実現するためには、その後なお一〇〇年の年月の経過を必要とすることになる。

エピローグ

アメリカの奴隷解放は、奴隷解放宣言とその補完としての憲法修正一三条によって形式的な手続としては完成し、完結する。奴隷解放宣言は基本的にリンカンがひとりでなした行為であり、憲法修正一三条に関しては、リンカンがその実現のために大きな役割を果たした。これをとらえて、リンカンを「偉大な解放者 Great Emancipator」と称賛するのが大方の見方である。

リンカン記念館（ワシントンD.C.）のリンカン像

考えてみるのに、大統領になるまでのリンカンは一貫して、奴隷州の任意の選択にもとづく有償の（奴隷に対してではなく奴隷主に対する補償をともなった）、漸進的・段階的な奴隷制廃止を主張していた。それが即時無条件の絶対的な制度廃止と質的に異なっていることはいうまでもない。リンカンはさらに、制度廃止によって生じる解放黒人については、解放黒人がそれを選ぶかどうかは自由であるが、その国外植民の道を確保しておくことが不可欠の条件だと長らく考えていた。

一八五〇年代のアメリカの政治社会を揺るがす最大の問題、州として編成される前の連邦領土への奴隷制の進出を認めるかどうかの問題に関しては、断固反対の立場を貫いたが、「既存の奴隷制の存続に反対はしない」との立場を堅持した。戦争が始まってからも、「戦争目的は分裂したユニオンの回復であって、奴隷の解放ではない」とくり返し論じていた。奴隷制に関するリンカンの立場は疑いなく反奴隷制諸派のうちの最右派、最穏健派に属していた。

そのリンカンが、まさしくその立場のゆえに戦争遂行を余儀なくされる。戦争の長期化と数多の戦死傷者の発生を前にして厳しい批判を浴び、既存路線の追求に完全に窮したとき、リンカンはついに、「戦争遂行目的に資するからだ」との言い分けめいた理由をなお付してではあったが、奴隷解放宣言の発出に踏み切る。引き続き、長らく迷いためらっていた黒人兵士の積極的登用にゴー・サインを出し、さらには憲法修正一三条の実現に全力をあげて取り組む。そして死の直前の段階にいたると、黒人の投票権についても一定の肯定的な見解を示すまでに変貌する。

この変貌について、リンカン自身は、「私が諸々の出来事をコントロールしたわけではなく、逆に出来事の方が私をコントロールしていた」と謙虚かつ率直に述懐している。リンカンのこの政治スタイル、行動原理をとらえて、近年、リンカンを「不承不承の解放者 Reluctant Emancipator」と評する見解まで出現している。この表現がどの程度まで適切妥当であるかについては議論の余地があるが、時間をかけて世論を慎重に観察し、世論がそれを欲するぎりぎりのタイミングで、まさに満を持して決定的な一歩を進めてゆくリンカンには、「学び成長してゆく大統領」としての面目躍如たるものがある。

とはいえ、実際の奴隷解放がリンカンひとりの手でなされうるようなものでないことは多言を要しない。奴隷解放宣言についていえば、宣言の中身はリンカンがほぼひとりで書き上げてはいたが、リンカンが宣言発出のアイディアを得、その必要性について肯定的な判断をするまでには奴隷制廃止論者、黒人指導者、共和党ラディカル派等々の多くの人がリンカンとかかわり、説得活動等を行っていた。

さらに何よりも重要なことに、奴隷解放宣言に現実的な意味を与えたのは、連邦軍の南部各地への進攻の進展であり、それに呼応して、自由を求めてプランテーションを捨て、連邦軍とその運命をともにしようとした多くの黒人奴隷自身の行為であった。リンカンが偉大な解放者であることを否定する理由はないが、連邦軍の南部進攻の成功と黒人奴隷の自己解放の行為がなければ、奴隷解放宣言はリンカンが懸念したように、「彗星に向けて発されたローマ教皇の布告」、実効性を欠いた空虚な宣言にとどまるおそれをはらんでいた。そしてこうした視点からすれば、奴隷解放を実現したのは実はリンカンではなく黒人奴隷自身であるとする一見唐突に響く主張も、必ずしも誇張ではなく、相当の説得性をもって立ち現れてくることになる。

　リンカンは、ロバート・リーが南部連合の首都であったリッチモンドを捨てた二日後の一八六五年四月四日、一二歳の末子トーマス（タッド）を連れて、いまだ市中のあちこちに戦闘のなごりの煙が立ちのぼるリッチモンドに入る。大勢の黒人奴隷が彼らにとってのモーゼ、リンカンを見ようと集まり、歓声を上げる。その中のひとりの黒人がリンカンの前にひざまずく。これに対してリンカンは、「あなたが私のためにひざまずくのは正しくない。あなたが手にした自由について感謝すべきは神であり、神にひざまずけばそれで十分だ」といい、立つようにかれを促した。

　追撃を逃れきれないリーは、四月九日、リッチモンドの西方のアポマトクスでついに無条件降伏する。おそらくは人生最高の得意、栄光、安堵、救済、悔恨等々が混じりあう深く複雑な感慨に浸っていたであろう勝利の日から旬日を経ない四月一五日早朝、リンカンはこの世を去る。前夜の観劇中に受けた後頭部への銃撃で昏睡状態に陥り、そのままふたたび蘇生することはなかった。

　それはリンカンの不幸であると同時にアメリカの不幸でもあった。大統領リンカンがそれまでになしたことはほとんど戦争と奴隷の解放に尽きていた。内政、外交のいずれの面でも、平時の通常の政治とはほとんど縁がなく、なすべきわずかの通常政治についてはそれを各担当閣僚にほとんど丸投げし、リンカン自身はもっぱら戦争政策に専念していた（もっとも、リンカンは自作農創設法、州立大学の設置に関するモリル法、太平洋鉄道法、内国歳入庁の設置等を内容とする税法、法定通貨法等の歴史的な法案に大統領として署名している)。そしていよいよ本来の政治に着手し、手腕を発揮すべきまさにその時に、リンカンは痛ましい突然の死を迎える。

かりにリンカンが暗殺を免れていたとすれば、戦後社会をいかに再建、再構築し、その中で市民としての黒人をいかに遇しただろうか。リンカンが生前に示していた戦後社会のあり方に関するアイディアは総じて断片的にとどまるため、その答えはすべて信頼度の低い推測の域をこえることができない。

リンカンの識見、共和党ラディカル派との間に築いた人脈と信頼関係、世論・社会に関する洞察力と発信力、政治家としてのスタミナと人間的魅力等々を考慮し、さらにリンカンがその政治の最も基本的な指導原理をアメリカ独立宣言に見出していたことをあわせ考えるならば、解放民が経済的、政治的に自立した市民となるためのリハビリテーション、環境整備をいかに果たしてゆくかという困難な課題に関して、少なくとも後継のアンドリュー・ジョンソンよりは巧みに対応し、解放黒人が手にした自由の実質化、平等社会の実現に向けて一定の確実な寄与をしたであろうことが推測されそうである。ジョンソンは、南部州の連邦復帰をいかなる条件で認めるか、解放黒人の政治参加をどこまで認めるかという再建期の最大課題について正面から向き合わず、旧態への安易な復帰政策で対応しようとしたため、共和党ラディカル派と決定的に対立し、ついには弾劾裁判を受けるアメリカ憲政史上最初の大統領となっていた。

しかし、戦時の政治が、戦況の展開次第で容易にもなればむずかしくもなるという意味で為政者にとっては存外単純でありうるのに対して、戦後の政治はより複雑、多元的であり、リンカンにとってとても簡単にコントロールできるようなものではなかったであろう。リンカンと議会ラディカル派、とりわけサムナーとの間には政治的な立場の差異を超越した人間的信頼関係が終戦まで維持されていたが、戦後一気に噴出する数多の解放民関連の諸問題を嵐のごとき社会的、政治的環境のもとで処理するに際して、リンカンと議会とがこれまでと同じように信頼をベースにおいた妥協、協力の関係を維持できたかどうかは定かでない。かりに戦後社会の再建について大統領と議会との間に主導権争い、イニティアティヴの争奪競争が起きるようなことがあれば、リンカンもまたジョンソンと同じような運命をたどった可能性も否定できない。すべては推測の世界というほかない。

主な参考文献

以下、本書の扱う各重要項目について、基本的な参照文献を数点ずつ掲記しておく。

[アメリカの奴隷制]

・Robert W. Fogel, *Without Consent or Contract　The Rise and Fall of American Slavery*（1989）.

・Peter Kolchin, *American Slavery, 1619–1877*（1993）.

・Betty Wood, *The Origins of American Slavery : Freedom and Bondage in the English Colonies*（1998）.

・David Eltis, *The Rise of African Slavery in the America*（2000）.

・David Brion Davis, *Inhuman Bondage : The Rise and Fall of Slavery in the Nerw World*（2008）.

「リンカンの生涯]

・Stephen B. Oates, *With Malice Toward None　A Life of Abraham Lincoln*（1977）.

・David Herbert Donald, *Lincoln*（1995）.

・Michael Lind, *What Lincoln Believed　The Values and Convictions of America's Greatest President*（2006）.

・Roris Kearns Goodwin, *Team of Rivals　The Political Genius of Abraham Lincoln*（2006）.

[リンカンと奴隷制]

・Don E. Fehrenbacher, *Prelude to Greatness　Lincoln in the 1850's*（1962）.

・Robert W. Johannsen, *Lincoln, the South, and Slavery　The Political Dimension*（1991）.

・Harold Holzer & Sara Vaughn Gabbard, ed., *Lincoln and Freedom Slavery, Emancipation, and the Thirteenth Amendment*（2007）.
・Eric Foner, *The Fiery Trial Abrahaqm Lincoln and American Slavery*（2010）.

[リンカンと南北戦争]
・William K. Klingaman, *Abraham Lincoln and the Road to Emancipation, 1861-1865*（2002）.
・William E. Gienapp, *Abraham Lincoln and Civil War America*（2002）.
・*James M.* McPherson, *Tried by War Abraham Lincoln As Commander in Chief*（2009）.

[アメリカ独立宣言]
・Garry Wills, *Inventing America Jefferson's Declaration of Independence*（1978）.
・Pauline Maier, *American Scripture Making the Declaration of Independence*（1997）.
・Joseph Ellis, *American Sphinx The Character of Thomas Jefferson*（1998）.

[合衆国憲法の成立]
・Carol Berrkin, *A Brilliant Solution Inventing the American Constitution*（2003）.
・Lawrence Goldstone, *Dark Bargain Slavery, Profits, and the Struggle for the Constitution*（2006）.
・Joseph Ellis, *American Creation Triumphs and Tragedies at the Founding of the Republic*（2007）.

[ミズーリの危機]
・Matthew Mason, *Slavery and Politics in the Early American Republic*（2006）.
・Robert Pierce Forbes, *The Missouri Compromise and its Aftermath*（2007）.

・John R. Van Atta, *Wolf by the Ears: The Missouri Crisis, 1819–1821* (2015).

[一八五〇年代の政治]

・Eric Foner, *Free Soil, Free Labor, Free Men: The Ideology of the Republican Party Before the Civil War* (1970).

・Don E. Fehrenbacher, *Slavery, Law, and Politics　The Dred Scott Case in Historical Perspective* (1981).

・Michael F. Holt, *The Fate of Their Country　Politicians, Slavery Extension, and the Coming of the Civil war* (2004).

[南北戦争]

・Kenneth M. Stampp, *And the War Came　The North and the Secession Crisis, 1860–61* (1950).

・James M. McPherson, *Battle Cry of Freedom　The Civil War Era* (1988).

[奴隷解放宣言]

・John Hope Franklin, *The Emancipation Proclamation* (1963).

・Allen C. Guelzo, *Lincoln's Emancipation Proclamation　The End of Slavery in America* (2004).

[憲法修正一三条]

・Herman Belz, *A New Birth of Freedom　The Republican Party and Freedmen's Rights 1861–1866* (1976).

・Michael Vorenberg, *Final Freedom　The Civil War, the Abolition of Slavery, and the Thirteenth Amendment* (2001).

・Eric Foner, *The Second Founding How the Civil War and Reconstruction Remade the Constitution* (2019).

[黒人の戦争参加]

・Benjamin Quarles, *Lincoln and the Negro* (1962).

・James M. McPherson, *Marching Toward Freedom Blacks in the Civil War 1861–1865* (1965).

・Dudley Taylor Cornish, *The Sable Arm Negro Troops in the Union Army, 1861–1865* (1966).

[資料集]

・Roy P. Basler, ed., *The Collected Works of Abraham Lincoln* (8 vols., 1954).

・Roy P.Basler, ed., *Abraham Lincoln : His Speeches and Writings* (2001).

・Henry Louis Gates, Jr., ed., *Lincoln on Race and Slavery* (2009).

人名・事項索引

〔著者紹介〕

浜田冨士郎（はまだ・ふじお）

1943年５月　兵庫県神戸市生れ

1967年　東京大学卒業

1973年　神戸大学助教授（労働法専攻）

1980年　神戸大学教授

その後、神戸大学学生部長、副学長を経て、

2007年　神戸大学退職

現　在　弁護士、神戸大学名誉教授

〈主要著作〉

『就業規則法の研究』（有斐閣、1994年）

『労働法』（久保敬治と共著）（ミネルヴァ書房、1995年）

リンカンと奴隷解放

2022年11月20日　初版第１刷発行

編著者　浜田冨士郎
発行者　今井貴
　　　　渡辺左近
発行所　信山社出版
(113-0033) 東京都文京区本郷
6-2-9-102
TEL 03-3818-1019
FAX 03-3818-0344

印刷　亜細亜印刷株式会社
製本　日進堂製本

ISBN978-4-7972-2815-1　C3332